THÉOPHILE CALAS

EN
TERRE DÉSOLÉE

AU PAYS DES CROISÉS
AVEC LA REVUE GÉNÉRALE DES SCIENCES

Avec une carte et 63 gravures d'après les photographies
de M. Jules Calas et de quelques autres touristes.

DEUXIÈME ÉDITION

PARIS
LIBRAIRIE FISCHBACHER
(SOCIÉTÉ ANONYME)
33, RUE DE SEINE, 33

1900

Tous droits réservés.

EN TERRE DÉSOLÉE

LIBRAIRIE FISCHBACHER, 33, RUE DE SEINE, PARIS

OUVRAGES DU MÊME AUTEUR:

Au Cap Nord. — *Aller et retour*. 3ᵉ édition. — 1 vol. in-12, orné de 11 gravures. . . . . . 3 fr. 5o

En Russie et ailleurs. — 1 vol. in-12, orné de 2 gravures par F. BAUDOUIN . . . . 3 fr. 5o

THÉOPHILE CALAS

EN
TERRE DÉSOLÉE

AU PAYS DES CROISÉS
AVEC LA REVUE GÉNÉRALE DES SCIENCES

Avec une carte et 63 gravures d'après les photographies
de M. Jules Calas et de quelques autres touristes.

DEUXIÈME ÉDITION

PARIS

LIBRAIRIE FISCHBACHER

(SOCIÉTÉ ANONYME)

33, RUE DE SEINE, 33

1900

Tous droits réservés.

A

JEAN CALAS

mon second fils.

Th. Calas
Pasteur de l'Ile-de-Ré

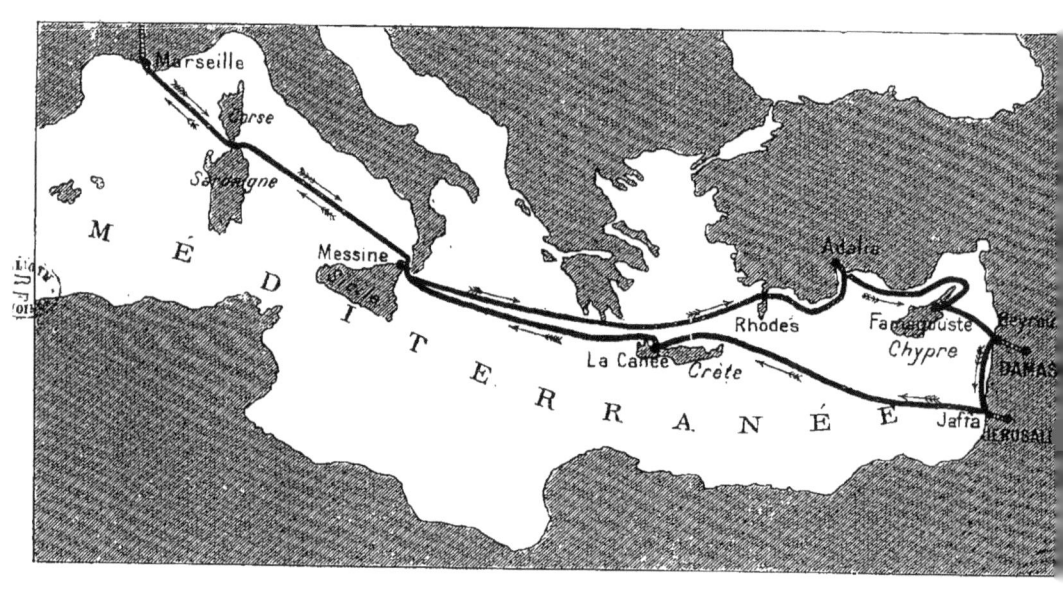

LES VOYAGES D'ÉTUDE

DE LA

REVUE GÉNÉRALE DES SCIENCES

Directeur: LOUIS OLIVIER

22, rue du Général-Foy, Paris.

La *Revue générale des Sciences* s'efforce, quelques années déjà, de développer le goût qui se manifeste dans l'élite de notre société française pour les voyages et surtout pour les voyages par mer.

Elle y est grandement aidée par nos principales Compagnies de Navigation, en première ligne par la Compagnie des Messageries Maritimes, qui met dans ce but à la disposition des Croisières de la *Revue* ses meilleurs bateaux, aménagés avec le plus grand confort.

Comme l'ouvrage de M. Calas pourra en donner un aperçu, la *Revue* a su imprimer à ses voyages un caractère scientifique et artistique tel qu'ils exercent déjà une influence considérable non seulement sur le développement intellectuel de notre jeunesse et de notre société tout entière, mais aussi sur nos relations littéraires, artistiques, scientifiques, industrielles ou commerciales avec les pays visités.

Les voyages de la *Revue générale des Sciences* ne suppriment pas la liberté individuelle; ils laissent à chacun son indépendance. A tous ils procurent les moyens de visiter en commun, rapidement et économiquement, les pays qui méritent leur attention; ils offrent, en outre l'avantage de fournir sur place aux touristes toutes les explications nécessaires pour que le voyage soit fait avec profit. A cet effet, des conférences sont données à bord pendant les trajets, puis sur les lieux mêmes, par des professeurs éminents, hommes d'érudition et de science. Ces savants se font ainsi les initiateurs de de ceux qui, moins spécialement préparés, ont, avec le désir de voir, celui d'étendre leurs connaissances et d'agrandir le champ de leurs idées.

Les conférences faites à bord sont accompagnées de projections qui, mettant sous les yeux des voyageurs les choses mêmes que l'orateur s'applique à décrire, ajoutent encore à l'intérêt de sa parole.

Et tandis que les touristes, mollement étendus sur le pont du navire, recueillent son enseignement ou le complètent par quelque lecture, le bateau, *Hôtel flottant*, les amène sans fatigue en face de spectacles constamment renouvelés; les trains, les voitures, les montures, suivant le cas, les transportent dans les excursions à terre. Là, les touristes peuvent, selon leur gré, accepter les rendez-vous fixés pour la visite des musées et des monuments, prendre part ou non aux excursions qui leur sont offertes; au besoin, en ajouter de nouvelles sous leur propre responsabilité et dans les limites des escales, aller où bon leur semble isolément ou groupés suivant les affinités révélées en cours de route. En un mot, l'association rend service à tous, sans jamais faire tort à l'observation individuelle.

Un Comité de Patronage, formé d'hommes de science et d'hommes d'exécution préside au choix de ces voyages d'étude; chaque membre y apporte le fruit de ses conseils, de son savoir et de son expérience.

Les résultats déjà obtenus dans cette œuvre de haute éducation intellectuelle font à la *Revue générale des Sciences* un devoir de persévérer dans cette voie.

Elle ne peut qu'y rencontrer les hautes sympathies, l'aide précieuse de ceux qui ont à cœur le progrès de la culture intellectuelle dans notre pays, et le développement de l'influence française au dehors.

EN TERRE DÉSOLÉE

CHAPITRE PREMIER

A la grâce de Dieu. — A la rencontre du soleil. — Bordeaux. — Trinité de misères. — *Ut undæ sic anni.* — Dans la nuit et à toute vapeur. — Marseille. — L'embarquement. — Tout est paré. — En longeant la Provence. - Dans le noir et l'espace. — En faveur des voyages. — Au *Pays des Croisés*. — Partir un treize !

11 septembre 1897.

Par une fraîche matinée de septembre, au jour qui naît, je dis adieu aux miens ; je pars pour l'Orient, tout droit vers ce soleil qui bientôt paraît et me jette en pleins yeux ses fusées horizontales. Sur la route plate de mon Ile, les arbres qui la bordent jettent leurs ombres grêles et régulières ; une bonne brise de N. E. pénètre à travers mes légers vêtements d'été et me fait éprouver la sensation du froid, qui s'ajoute à l'autre froid dont le cœur est transi quand on vient de donner les derniers baisers et qu'on part pour un lointain voyage. Cette petite ville qui s'éloigne avec tout ce qu'elle contient de cher, me sera-t-il donné de la revoir ? Cette route sur laquelle je roule aux matinales clartés et dont chaque caillou m'est familier, me verra-t-elle passer encore ? Tous ces êtres qui me sont attachés à des titres divers et que je laisse derrière moi, leur ai-je dit adieu pour toujours ? Oh non, j'en ai la confiance, et cependant la mer est si profonde, les vents sont si changeants et nos destinées si fragiles ! — A la grâce de Dieu ! — Il est doux de le dire avec toute son âme.

Le petit vapeur qui relie l'Ile de Ré au continent voisin frémit sous pression et jette aux échos du port de La Flotte le signal aigu du départ. Mon garçon m'avait accompagné jusque-là sur sa bicyclette, ainsi que mon jeune ami F. B. Ils n'en avaient rien dit, c'était une surprise. Se voir un moment de plus, dites, c'est bien quelque chose dans la vie qui fuit si vite ! L'hélice se met à sa rude besogne, et bientôt les quais, avec les deux silhouettes qui retiennent mes yeux, disparaissent derrière un détour de la falaise. Voilà donc entamée la première heure de marche, la voilà commencée, cette longue route qui me conduira, je l'espère, jusqu'à l'Orient sacré. Est-ce bien vrai ? le rêve longtemps caressé va donc devenir une réalité ? Je me sens heureux et fier et, regardant le soleil bien en face, je lui dis : Tu sais, soleil, je suis bien petit, mais je marche à ta rencontre, je veux te voir de plus près, franchir la frontière de ton royaume ; puis je songe à l'autre soleil, à celui de l'âme, qui s'est levé pour nous sur la colline de Bethléhem, et je tressaille à la pensée de retrouver ses traces sur cette terre qui fut illuminée de sa présence. Que d'espoirs j'emporte avec moi, quelle pieuse attente fait battre mon cœur !

La brise de N. E. soulève de jolies vagues vertes sur lesquelles cavalcade notre petit navire, ce n'est qu'un jeu ; bientôt l'horizon s'agrandira, la mer s'étendra à l'infini, et les impressions prendront une plus large envolée. Nous entrons dans le port de La Rochelle et, en mettant le pied sur ce qu'on appelle chez nous la *Grand'Terre*, j'ai le sentiment que je suis déjà bien loin du foyer. Il me reste maintenant à traverser tout un coin de la France, pour retrouver les franges de la mer, à Marseille.

Quatre heures à toute vapeur, et notre train roule avec un bruit superbe de tôles battues sur la blonde Garonne ; nous pénétrons dans la brume, c'est Bordeaux. J'ai trois heures d'attente avant le départ du « Rapide ». Je sors de la gare, la nuit descend, le ciel est tout gris comme de la cendre et pèse sur mes épaules, et toujours cette oppression du cœur, à mesure que l'on s'éloigne de là-bas où ils sont, ceux qu'on aime. Je dirige mes pas vers les bords du fleuve; voir couler l'eau, c'est une distraction un peu mélancolique qui s'harmonisera avec mes pensées. Je m'en voudrais d'être trop joyeux en cette journée de départ et d'adieu. Or j'avoue que, pendant ces trois heures passées lentement à vagabonder dans le voisinage de la gare, je n'ai rien vu qui puisse entretenir la gaieté. Ah! ne venez pas me dire que les grandes villes sont gaies; moi je trouve que c'est d'un triste à vous arracher des larmes. Tenez, j'ai justement devant moi une file de voitures qui sont là pour l'arrivée des trains. Pauvres cochers, pauvres chevaux, pauvres voitures, quelle trinité de misères! Ailleurs, dans les beaux quartiers, on voit des équipages qui inspirent moins la pitié, mais ici, je vous dis que c'est à fendre l'âme: c'est vieux, c'est usé, c'est malade, c'est fourbu, c'est violet sur le nez, c'est décharné sur le dos, c'est fané à l'intérieur, écaillé au dehors, c'est enflé aux jambes, arqué aux genoux, ratatiné dans les cuirs, c'est bientôt pour l'hôpital, demain pour les sangsues, prochainement pour la vieille ferraille.

Grâce à des prodiges d'entretien, on parvient à donner un faux air de richesse à cette pauvreté irrémédiable. Le cheval ne tient pas debout, mais il se tient sur quatre sabots soigneusement cirés ; les harnais brûlés par le soleil et la pluie sauteraient au premier contre-coup, mais ils jettent un dernier éclat sous des couches multipliées de vernis ; la voiture a perdu toute sa fraîcheur, il ne lui reste un peu de flamme que dans les deux yeux de ses lanternes bien astiquées. Je m'arrête longtemps devant un vieux cocher que le siège a ankylosé, flétri, voûté, parcheminé ; avec amour il promène un morceau de drap sur tout ce qui est susceptible de prendre quelque luisant, et puis ses deux doigts courent le long des membres de son cheval, pour passer tristement en revue toute la collection des tares imaginables, molettes, suros, éparvins et javarts. A l'appel du client, il faudra que tout cela parte, trotte, se hâte et s'essouffle.

Au bord du fleuve que la marée descendante entraîne avec violence vers la mer, je me trouve seul devant cette eau qui fuit ; en aval j'aperçois les grandes arches du pont de pierre que j'ai si souvent franchi quand j'allais, il y a de cela une bonne douzaine d'années, qui ont fui encore plus vite que cette onde, rendre visite à celle qui devait devenir ma compagne. Sans doute, elles ont été heureuses, ces années, mais n'y a-t-il pas une certaine mélancolie à penser qu'elles ne reviendront plus jamais ? Et je répète en mon âme la vieille sentence que j'ai vue jadis gravée sur une fontaine de mon pays : *ut undæ sic anni*[1].

Au-dessus de ma tête, les trains se succèdent avec fracas, en roulant sur les larges travées de fer ; de là-haut encore tombent sur moi des plaintes métalliques. Tout près de moi, une femme d'ouvrier lave dans le courant limoneux quelques morceaux d'un linge effiloché par l'usure, pendant que ses deux bambins déguenillés jouent avec les débris de bois et de bouchons qui sont à la laisse sur le pavé boueux. Hélas, les pauvres gens, voilà comment ils prennent l'air ; leur dure existence n'en connaît point d'autre. La nuit est tout à fait venue ; je me réfugie dans un restaurant voisin, dont le luxe n'est pas sans quelque analogie avec celui des voitures de tout à l'heure ; ce n'est pas là que j'oublierai la table de famille autour de laquelle les miens sont réunis en ce moment.

Le temps a beau paraître long, il passe quand même. En deux minutes je suis dans le vaste hall de la nouvelle gare, où on est assailli par des courants d'air furieux. Je plains les employés qui ont à séjourner nuit et jour dans cette rafale ; à leur place, je préférerais partir pour l'Alaska ; ils auraient au moins la chance d'y faire quelque trouvaille qui les

---

[1] Comme l'onde, ainsi les années.

enrichirait, tandis qu'à peser les bagages sur cette banquise, ils n'attraperont que des bronchites et des rhumatismes. La Compagnie joue là avec la santé de ses hommes; je ne lui en fais pas mon compliment. La vie des humbles est bien assez pénible comme cela ! Non, décidément, on souffre plus qu'ailleurs dans les grandes villes. Comment comprendre la folie qui pousse les gens à aller, toujours plus nombreux, s'y entasser ?

Le train s'enfonce dans la nuit et dans la brume qui traîne sur la Garonne et sa vallée. Heureusement, nous avons des wagons nouveau modèle : c'est confortable, c'est humain. Et maintenant file à toute vapeur, ô locomotive, va-t'en avec tes grandes enjambées et tes grands battements de cœur; arrête-toi ou ne t'arrête pas, ça m'est égal ! Et de nouveau je l'entends, la belle harmonie familière de toutes ces sonorités métalliques qui troublent, en passant, la campagne endormie.

Elles défilent les unes après les autres, les petites gares que le *Rapide* dédaigne; pendant la durée d'un éclair, il les remplit de bruit et leur lance en pleine figure toute l'ironie de son sifflet, puis il s'éloigne au plus vite, leur laissant sa poussière et sa fumée. A *M.*, mon frère me rejoint, il porte en bandoulière le nouvel appareil photographique qu'il a acquis pour la circonstance et d'où sont sortis les clichés qui accompagnent ces notes.

Le train repart comme un fou, et toute la nuit, c'est une course désespérée, comme celle d'un cheval fantastique qui ferait des foulées de cent kilomètres. Agen, Montauban, Toulouse sont déjà loin derrière nous. La lune tardive s'est enfin levée ; le ciel, au lieu de peser sur nous, est allé se suspendre aux étoiles lointaines, et les grands peupliers frémissent de toutes leurs feuilles dans le tourbillon d'air que déchaînent nos roues. C'est le Midi. Bientôt le jour paraît ; le paysage change d'aspect, tout l'horizon s'enflamme, et là-haut, sur la soie bleue du ciel, la lune, dont le disque blanchit, ressemble à un écu d'argent qui vient de jaillir sous le balancier. Les grands vignobles plats s'étendent à perte de vue, et déjà les feuilles alanguies portent les symptômes de leur mort prochaine.

Plus loin, nous traversons des plantations d'oliviers solidement cramponnés à la terre ; mais ces arbustes ne sont que de pâles copies de ceux que nous verrons plus tard, avec leurs têtes tondues en brosse et leur grêle stature. Nous touchons au Rhône, avec la profusion de canaux qui l'avoisinent ; puis c'est la sécheresse et comme un désert de pierres qui nous donnent un avant-goût de la Judée. La voie ferrée trace de grandes courbes dans la blancheur du sol autour de l'étang de Berre, et franchit, par un tunnel, le massif de l'Estaque, derrière lequel Marseille est assise sur ses collines bigarrées, les pieds dans le bleu de la Méditerranée. C'est déjà comme une vue anticipée de l'Orient. Je retrouve avec plaisir la bonne brise et l'horizon de la mer.

12 septembre.

Nous descendons à l'Hôtel du Louvre situé sur la Cannebière prolongée. C'est dimanche; dans les rues circule une foule très animée, et partout ce sont les gestes vifs et les grands éclats de voix qui caractérisent les populations méridionales. Après avoir mis un peu d'ordre dans notre tenue, nous nous rendons au temple de la rue de Grignan, pour assister au culte. Quand on monte en chaire tous les dimanches, c'est un vrai plaisir de n'avoir qu'à écouter; en outre, c'est un besoin du cœur de se recueillir, au moment d'entreprendre un grand voyage. M. le pasteur B. donnait une prédication spéciale à l'occasion de l'alliance franco-russe. Que ceux qui ont le front d'aller répétant que les protestants ne sont pas français, entrent dans nos temples, et ils verront si notre patriotisme a des leçons à recevoir. Il est vrai que ce n'est pas à Rome que nous prenons le mot d'ordre ! Nous avons entendu là un bon et beau discours, ce qui n'étonnera personne de ceux qui connaissent le distingué pasteur. Au sortir du temple, nous renouons les vieux liens d'amitié, et je tiens à dire ici combien j'ai été touché de l'aimable accueil de mon ancien condisciple.

Dans l'après-midi, nous faisons la délicieuse promenade de La Corniche, jusqu'au champ de course. Je ne puis résister au plaisir de voir courir, et j'entre sur la pelouse. Chacun sait que l'institution des courses a pour but avoué l'amélioration de la race chevaline, mais qu'au fond elle ne sert guère qu'à faire passer les pièces de cent sous d'une poche dans une autre. Je me demande à quoi peuvent bien être utiles ces bêtes fragiles, aux jambes entourées de flanelle, qui ne sont bonnes que pour un suprême effort de quelques minutes. Du sang, elles en ont; des nerfs, elles n'ont que ça; mais sortez-les du turf, elles ne sont plus bonnes à rien, ni pour l'agriculture, ni pour le roulage, ni pour l'armée. Autour d'elles papillonnent des élégantes et des messieurs vêtus de redingotes irréprochables, et tout ce monde, moins irréprochable, qui vit du cheval. Dans ce beau cadre de la nature, tout cela est d'un mesquin à faire pitié; c'est déshonorer ce noble animal que d'en faire un coureur. Je rentre par le Prado, où a lieu le défilé.

13 septembre.

Le lendemain est le jour de l'embarquement; la matinée se passe en préparatifs et en achats. Je me munis d'un casque blanc pour affronter le soleil d'Orient; mon frère court aux plaques de photographie et en emporte un vrai chargement. Arrive l'heure du déjeuner; à côté de nous un jeune couple se traite au champagne; nous devinons sans peine, à ces précautions contre le mal de mer, que ce sont de futurs compagnons de voyage; du reste, il y en a d'autres dans l'hôtel, y compris notre état-major, le docteur Olivier et M. Amphoux, de la *Revue générale des sciences*. A onze heures et demie, un grand omnibus de la maison s'achemine vers le port de la Joliette, d'où partent les paquebots des *Messageries maritimes*.

Quand on a vu les grands ports de commerce de Londres et de Hambourg, on est surpris de trouver les bassins de Marseille si peu garnis de navires. Ce n'est plus ce mouvement extraordinaire qui vous frappe sur les quais des rivales du Nord. Du reste, la vieille cité Phocéenne n'a qu'à se bien tenir; il y a sur le prolongement de son littoral une jeune concurrente qui pourrait bien lui faire perdre le rang qu'elle occupe dans le commerce méditerranéen : c'est Gênes, dont l'importance s'accroît chaque année et que les Italiens saluent déjà comme la future reine de la Méditerranée. Depuis le percement du Saint-Gothard, Gênes est devenue le point terminus de la ligne italo-allemande, et elle gagne en mouvement maritime tout ce que Marseille perd. Hélas, sur plus d'un point notre commerce par mer est en décadence, et Marseille a encore à redouter l'état d'infériorité dans lequel va la mettre le futur percement du Simplon. Mais ces considérations passablement mélancoliques n'ont pas l'air de la troubler dans sa vie joyeuse, et pour nous, nous n'y songeons guère au moment où, par un gai soleil, nous débouchons sur les quais où notre navire est amarré.

Il est midi. Le départ est fixé pour une heure; nous sommes parmi les premiers rendus à bord. Nous tenons à prendre possession de notre cabine et à y déposer nos valises, avant la presse des derniers moments, pour assister à l'intéressante manœuvre de la sortie du port.

A mesure que l'heure approche, les touristes arrivent, les uns après les autres; les uns avec l'assurance de voyageurs qui n'en sont pas à leurs débuts et qui sont familiers avec les choses de la mer; les autres, avec un petit air de virginité très amusant, ne peuvent s'empêcher de marquer leur étonnement et semblent tâter le pont pour voir s'il est bien solide; les uns entrent dans la place en conquérants, les autres ne s'y hasardent qu'avec timidité, redoutant les surprises.

Je m'amuse à recueillir mes premières impressions sur mes compagnons de voyage. Toi, tu as une figure qui ne me dit rien, il est à croire que nous resterons parfaitement étrangers l'un à l'autre; toi, tu as une physionomie sympathique, à bientôt plus ample connaissance, et je dois dire que l'impression du début a presque toujours persisté. Du reste, je pense que les autres me rendent la monnaie de ma pièce et se disent : Voilà un monsieur qui me va, ou voilà un monsieur qui ne m'ira pas. Tout ce monde s'engouffre dans les vastes flancs du vapeur, sans qu'il y paraisse guère, et les montagnes de bagages s'effondrent dans les cales béantes, sans leur fermer la bouche.

Avant l'heure du départ, nous recevons la visite d'un collègue qui vient avec sa famille nous souhaiter un heureux voyage, et rien n'est plus doux, pour celui qui s'en va, que d'emporter l'image de figures amies. Dans cette foule qui entoure notre navire, nous trouvons quelqu'un à qui lancer nos derniers adieux.

Notre grand navire est immobile sur ses amarres, mais au frémissement des chaudières qui bouillonnent, nous sentons qu'il est impatient de fournir sa carrière ; comme les chevaux du champ de course, il n'attend que le signal pour détendre ses membres d'acier et s'allonger sur la plaine infinie. Tout l'équipage est à son poste, les panneaux sont fermés, il n'y a plus à bord que ceux qui partent; les amis sont descendus et, de terre, nous regardent avec un œil d'envie. Nous nous sommes massés sur l'avant, qui domine les flots de la hauteur d'un second étage. Mes yeux vont de la passerelle, où le commandant vient de prendre la direction suprême, à tous ces hommes qui, selon la part de besogne qui leur est assignée, vont agir dès que l'ordre en sera donné. A notre côté, sur tribord, un grand paquebot des *Messageries maritimes* arrive d'Australie; sa toilette défraîchie dit la longue traversée qu'il vient d'accomplir, et aux traces que porte sa robe, blanche jadis, on voit qu'il vient de se rouler dans les mers. Sur le pont, les passagers se pressent aux échelles, dans leur avidité de prendre terre, tandis que, par tous les sabords qui avoisinent la machine se montrent les têtes noires des chauffeurs que l'on prend pour le passage de la mer Rouge et la navigation des mers tropicales; sur le noir de leur peau, qu'assombrit encore la fumée et le charbon, s'enlève, comme une grande balafre, la double rangée de leurs dents blanches. Un de nos matelots aperçoit, parmi l'équipage voisin, son frère, employé, comme lui, dans la même Compagnie ; ils se disent bonjour d'un geste lent et sérieux, et ces mots se croisent sur la mer entre les deux murailles de fer : J'arrive d'Australie. — Je pars pour Beyrouth, adieu. — Cela leur paraît tout naturel que ce revoir sitôt suivi d'absence.

Tout est paré, comme disent les marins ; le commandant a jeté l'ordre de la mise en marche, l'hélice a donné les premiers tours, les grosses amarres sont halées sur le pont, où elles enroulent leurs anneaux visqueux, comme des serpents sans fin. Aux mâts brillent gaîment le drapeau tricolore et le pavillon de soie rouge qui porte en lettres d'or le nom de la *Revue générale des sciences*. Tout à coup arrêt et machine en arrière ; nous nous demandons inquiets ce qui arrive ; nous avons failli manquer la sortie et donner contre les enrochements ; c'est qu'un navire de cette taille n'évolue pas facilement quand il se sent pris entre deux jetées. Après ce faux départ, notre coursier reprend sa route, et nous voilà lancés pour tout de bon dans le grand espace qui s'étend devant nous. Nous laissons à tribord les îles Pomègue et Ratonneau et le rébarbatif château d'If, couronné d'un fort qui fut prison d'État. Tout au loin, dans le S. O., on distingue l'île de Planier, avec son phare qui porte à

88 kilomètres la bonne nouvelle que le port est proche.

Pendant toute l'après-midi, nous longeons la côte, nous faufilant entre les îles sur une mer d'un bleu intense. Des rochers déserts s'avancent en promontoires tranchants au-dessus des flots, et en vérité ce sont eux qui ont l'air menaçants, et non la mer, qui n'a pour nous que des sourires et cède avec bonne grâce aux avances que lui fait notre colosse.

C'est un moment solennel que celui où l'on quitte le port pour se confier à cette perfide qu'est la mer. Heureux est celui qui, emporté sur les grosses eaux, peut répéter dans son âme tranquillisée les belles paroles du prophète Ésaïe : « Quand tu passeras par les eaux, je serai avec toi. » Combien en est-il, parmi tous ces passagers, qui seulement les connaissent ? On n'ose pas penser à tout ce qui manque à notre peuple en fait d'éducation religieuse et morale; ses conducteurs spirituels, en le détournant du pain de vie, ne lui offrent que malsaines friandises qui le délabrent.

Le commandant inaugure la longue série de ses amabilités à notre égard en ne prenant pas immédiatement la route du S. E. qui nous conduirait vers les Bouches de Bonifacio, que nous devons franchir; et nous rangeons la côte de la Provence, pour admirer ses escarpements, assombris déjà dans le jour qui décline. Nous passons en vue de la Ciotat, où sont les chantiers de la Compagnie. Un grand navire est en construction, et sa coque immense, entourée d'étais, semble flotter dans l'air, en attendant l'heure où elle prendra possession de l'élément pour lequel elle est faite. Nous doublons le cap Sicié, qui n'a certes pas une mine avenante, et derrière, dans une gerbe de lumière qui arrive du couchant, entre des sommets de montagnes, Toulon fait sentinelle, prêt à lancer son escadre cuirassée à l'appel du danger. Nous croisons un navire de guerre qui rentre de la manœuvre et navigue dans la grande ombre du cap Sicié. Dans cette paix du soir, dans le calme de la nature, l'âme est péniblement impressionnée par les idées de feu et de sang, de combat et de mort qu'évoquent tous ces canons et toutes ces tourelles, et l'on maudit un état de civilisation qui oblige tous les peuples à ne vivre que pour se défendre, à se ruiner pour se faire respecter. Il suffirait d'une torpille adroitement lancée, et des mères pleureraient, de Brest à Toulon, de La Rochelle à Nancy. Au moment où notre paquebot va donner contre les îles d'Hyères, la barre le ramène vers le Sud, et le cap est mis sur la Corse. L'ombre de la nuit tombe sur la mer, et les côtes de France, se faisant toujours plus lointaines, disparaissent dans le noir et l'espace.

Nous voilà seuls sur notre grand navire, qui s'enveloppe toujours plus d'infini. Là-haut, c'est le beau firmament tout criblé d'étoiles ; sous nos pieds, c'est l'abîme mystérieux où vont se perdre les clartés de nos sabords ouverts. Comment trouvera-t-il sa route sûre, en s'enfonçant dans les ténèbres ? Nous savons que les hommes veillent sur la passerelle ; nous nous reposons sur leur savoir et leur prudence, et puis il y a le grand Dieu des cieux et de la terre au-dessus d'eux et au-dessus de nous, pour écarter les dangers et nous conduire au port. Pour le moment, la mer n'a pas une ride, l'air pas un souffle de brise ; aussi tous les passagers prolongent la veillée sur le pont, pour jouir de cette première nuit de navigation. Je me laisse charmer par l'heure présente, et j'ai peine à croire que dans quelques jours je mettrai le pied sur le sol sacré si souvent entrevu dans mes rêves.

Pendant que notre vapeur suit sa route, je vais, si vous le voulez bien, vous expliquer comment il se fait que nous soyons là, une centaine de touristes, en route pour l'Orient. Il est bon de répandre dans notre pays si lamentablement casanier le goût des grands voyages. Je n'appelle pas voyager : aller passer un mois d'hiver à la Côte d'Azur et un mois d'été à Royan ou à Vichy ; encore moins est-ce voyager que de s'acheminer vers la capitale pour quelque occasion solennelle, d'aller s'entasser sur les degrés de la Madeleine pendant cinq ou six heures, pour voir passer les ineptes tableaux d'une Vachalcade. Cela, c'est rester chez soi, c'est tourner toujours dans le même cercle d'idées, c'est ne pas apprendre à modifier ses jugements, c'est manquer de termes de comparaison; en un mot, c'est se vouer avec quelques variantes et quelques *crescendo* à l'adoration perpétuelle du *Moi* français, une des choses les moins favorables au progrès et à l'effort. Ce qu'il faut, c'est franchir la frontière, entrer en contact avec des esprits différents, apprécier des manières de voir qui ne nous sont pas familières, comprendre comment on peut faire aussi bien ailleurs, quelquefois mieux, et rapporter de ce spectacle ou de ces constatations un esprit plus ouvert, plus dépourvu de préjugés, un plus ferme désir de ne pas se laisser distancer, de mettre à profit les résultats obtenus par d'autres. En vérité, il me semble qu'à notre époque, un homme qui n'a pas respiré un autre air que celui de son pays est un homme auquel il manque quelque chose, je veux dire un homme incomplet. Sans doute, on peut se former par la lecture; mais un mois au dehors vaut cent fois mieux que dix années de réflexions savantes, pour vous faire jeter par-dessus bord un tas d'étroitesses d'esprit et d'inconscients partis pris...

Tout le monde ne peut pas voyager, m'objectera-t-on ? il y faut du temps, de la liberté, de l'argent et de la santé. C'est vrai, mais combien en est-il dans notre pays qui ont de tout cela à revendre et qui reculent devant les petits ennuis, les petites fatigues d'un grand voyage; qui iront dépenser deux ou trois mille francs pour assister au Carnaval de Nice ou au grand-prix de Longchamps, et qui, avec somme égale, iraient voir étinceler les coupoles d'or du Kremlin ou contempler les fjords sauvages de la Norvège ! Que de jeunes gens qui vont croquer des billets de mille en quinze jours d'asphalte, pour se procurer de coûteux et malsains plaisirs, alors qu'il leur serait plus profitable, à tous égards, de grimper sur les Pyramides, de traverser la Manche, ou de visiter cette Russie qu'on adore sans la connaître.

J'enrage, voyez-vous, quand on vient me conter qu'un voyage à l'étranger présente des difficultés insurmontables. Il est plus vrai de dire que nous redoutons tout effort pour nous faire comprendre dans une langue qui n'est pas la nôtre; que nous avons un culte exagéré pour nos pantoufles et nos petites habitudes; qu'une sentimentalité mal placée fait fondre notre cœur quand nous avons perdu de vue notre clocher et les habitués de notre cercle. Il y a des gens qui considèrent ma femme comme

CHAPITRE PREMIER

une héroïne, parce qu'elle n'est pas morte d'inquiétude pendant le mois d'absence qui m'a été nécessaire pour visiter Damas et Jérusalem.

On parle beaucoup en ce moment de la supériorité des Anglo-Saxons, à l'occasion du beau livre de M. Demolins; je vous mets au défi de le bien comprendre si vous n'avez jamais vu l'Angleterre, et, naturellement, on ne fera rien chez nous pour modifier notre déplorable système d'éducation, parce que sur cent personnes instruites, il n'y en a pas dix, pas cinq qui aient vu les Anglais à l'œuvre, pour former le caractère de leurs enfants. Non, non, toujours les bonnes petites méthodes auxquelles on est habitué! Ne dérangeons rien, ni professeurs, ni élèves, ni séminaires, ni lycées, ne touchons pas à l'arche sainte des choses qui ont toujours existé. On n'a rien vu, comment ne pas croire que ce qu'on voit, va pour le mieux dans le meilleur des mondes?

Bientôt un homme d'une certaine position ne pourra plus trouver d'excuses pour avouer qu'il n'a jamais quitté le sol de son pays. Grâce à l'initiative d'hommes intelligents et qui y voient clair, les voyages sont mis à la portée des bourses moyennes et des esprits qui ne le sont pas. Quant au temps, quels sont ceux qui ne peuvent disposer, à un moment ou à l'autre, d'un mois de vacances? Sans doute, ce n'est pas voyager à la Loti, mais on peut en rapporter autant d'idées sans savoir les exprimer aussi bien. C'est voyager à la vapeur, mais pourquoi dire du mal de la vapeur qui vous prend en plein brouillard et va, en quelques heures, vous déposer au grand soleil. Après tout, mieux vaut vite que pas du tout.

Depuis quelques années le journal *Le Tour du Monde*, bien connu de tous ceux qui s'intéressent à la géographie, organise des voyages collectifs où toutes les économies se trouvent réunies, sans parler de l'avantage qu'il y a à profiter des connaissances d'hommes spéciaux qui se chargent de la partie intellectuelle de ces excursions. C'est ainsi qu'en 1896, au printemps, un premier groupe de touristes se dirigeait vers la Grèce, pour y assister aux Jeux olympiques, et qu'en septembre une seconde croisière opérait dans l'Adriatique, avec excursions dans la Bosnie et l'Herzégovine. En 1897, nous étions convoqués pour les fêtes du cinquantenaire de l'École d'Athènes, qui devaient avoir lieu au mois d'avril; les événements politiques rendirent impossible tout voyage en Grèce. Comment oser se montrer en bande sur l'Acropole et rappeler aux Grecs le cruel abandon de la diplomatie européenne?

Ce fut pour moi une amère déception quand je compris qu'il fallait renoncer à visiter le Parthénon, d'autant que c'était la seconde fois que la coupe s'écartait de mes lèvres. A mon retour de Russie, le choléra ; cette fois, la guerre. Si les pires fléaux s'en mêlent, je mourrai sans mettre le pied sur le sol classique. Oh ! mais dites-moi donc s'il n'y en a pas comme cela beaucoup, dans la vie, de ces choses qui vous fuient sans cesse ?

Devant ce cas de force majeure, je m'étais à la fin résigné à ne pas sortir de mon île, à y jouir en paix des beaux mois d'été et des amis que la saison des bains y amène, quand une circulaire, lancée par la *Revue générale des sciences*, vint me faire tressaillir en annonçant un voyage *au Pays des Croisés*.

Le but, c'est Damas et Jérusalem, mais sur la route, on visitera Rhodes, Adalia, Chypre et, au retour, La Canée, Messine, Taormine et son théâtre en ruines. C'était alléchant au possible. Sans perdre une minute, je réunis un conseil de famille composé de... ma femme et moi. Ma femme, qui dit oui et amen à tout ce que je désire, et moi bien décidé à dire oui. Le soir même j'écrivais à Paris pour me faire inscrire. Quelques jours après, je recevais une lettre d'un des miens qui disait : Un voyage à Jérusalem, c'est un devoir pour un pasteur. Il n'y a donc pas à hésiter ; ce devoir, je l'accomplirai coûte que coûte ; du reste, le prix est marqué sur le programme et, pour ne pas que vous vous fassiez une idée fantastique sur mes revenus, je vous dirai tout de suite, en confidence, qu'il s'agit de la somme de 815 francs, bien modique en vérité, si l'on songe qu'elle comprend toutes les dépenses de Marseille à Marseille. Si j'avais voulu loger dans une cabine de la première catégorie, c'était 890 francs.

Pour ce prix, du 13 septembre au 3 octobre nous avons été embarqués, transportés, débarqués, logés, nourris, voiturés, éclairés au propre et au figuré, choyés comme des enfants gâtés ; nous n'avons eu d'autre ennui que celui de voir les journées s'enfuir trop vite, d'autre travail que celui d'ouvrir les yeux et d'essuyer nos fronts ruisselants sous un ciel de feu. Pendant ces 20 jours nous avons fait en mer 3491 milles, soit 6465 kilomètres; en chemin de fer, plus de 500 kilomètres; en voiture, près de 150 kilomètres; dans les excursions à terre, nous avons habité les meilleurs hôtels, et, avec une moyenne de cinq repas par jour, chacun de nous en a pris une centaine, tout en absorbant une quantité invraisemblable de citrons, sous prétexte de jouer le tour au mal de mer. On nous a toujours servi le café aux deux principaux repas, avec accompagnement d'un petit verre de cognac pour les amateurs, toujours tout à discrétion en fait de nourriture et de boisson, et ce qui est d'un prix incalculable, quand on traverse de pareilles températures, usage illimité de la baignoire, avec douche à volonté. Avouez qu'on en a pour son argent et au delà !

N'allez pas croire que j'aie un intérêt dans l'entreprise ou que la Compagnie des *M. M.* me donne un tant pour cent; mon seul désir est celui de proclamer la vérité et de témoigner ma reconnaissance au directeur de notre voyage et à son sympathique lieutenant M. Amphoux, dont l'obligeance et l'entrain ont été infatigables, malgré les mauvais quarts d'heure qu'il a dû passer avec les voituriers, les âniers, les bateliers et autres fournisseurs. De tous ces mauvais quarts d'heure de Rabelais, nous n'en avons eu qu'un seul, mais celui-là, nous l'avions déjà oublié avant d'arriver à Marseille.

Cher lecteur, tous ces détails ont pour but de te faire venir l'eau à la bouche, et si, comme je n'en doute pas, la *Revue générale* persiste dans ses projets d'appeler chaque année un certain nombre de touristes à profiter de ces intéressantes excursions, n'hésite pas, boucle ta valise, et après tu m'en diras des nouvelles.

Après la publication de mes précédents récits de voyage, des lecteurs bienveillants m'écrivaient : Quel plaisir de voyager ainsi sans fatigue, au coin de son feu, les pieds sur les chenets. — Ah ! s'ils avaient pu savoir la peine qu'ils me faisaient en parlant de la sorte ! Je m'y prends donc bien mal pour atteindre le but que je me propose.

Mais non, je ne veux pas te laisser au coin du feu; ce serait aller à l'encontre de ce que je souhaite à mes compatriotes : l'amour des voyages. Je voudrais t'en arracher, au contraire, te secouer et te lancer sur les grandes routes du monde, où il y a tant de belles choses à voir et tant de leçons à recueillir. Tu es plus jeune que moi, sans doute; pars donc! tu es plus riche probablement, qu'est-ce qui te retient? De toutes les manières de voyager, celle qui consiste à rester auprès de son feu est la moins rationnelle, et je m'en voudrais mortellement si ce bien imparfait récit te suffisait.

Voilà comment je me trouvais à Marseille le 13 septembre, prêt à monter sur le « Sénégal » en route vers cet Orient mystérieux, qui a vu fleurir de belles civilisations et où a pris naissance cette religion du Christ, qui sépare en deux les siècles de l'Histoire. Le 13 septembre, remarquez-vous cette date? Non, vous n'y voyez rien d'extraordinaire. Eh bien! c'est un *treize*. J'avais pensé qu'elle ne serait pas du goût de tout le monde. Il me semblait entendre Mme X., qui jadis suivait le catéchisme de Persévérance, dire à M. X., son mari : Comment, mon chéri, tu veux partir un 13 ? Tu n'y penses donc pas. Il t'arrivera malheur. — Allons, ma bonne, n'aie pas de ces idées du moyen âge. — Et monsieur, qui est peut-être libre-penseur, mais qui ne fait pas le brave devant la possibilité mystérieuse de dangers imaginaires, est resté. C'est à ne pas y croire, et pourtant cela nous a été confirmé à bord par les organisateurs du voyage.

CHAPITRE II

Le « Sénégal ». — *The right man in the right place.* — Un menu. — Une scottish. — En vue de l'Etna. — La Grèce à bâbord. — Le lever du soleil. — L'ancre tombe devant Rhodes. — De l'inédit. — Une cité du moyen âge. — Les Chevaliers de Saint-Jean. — Les temps sont changés. — Un bagne turc. — Un beau couple masculin. — Autour des remparts. — Dans les quartiers populeux.

Quelques détails, pendant que nous nous avançons sur les eaux que taraude notre hélice infatigable. Le « Sénégal » est un navire des Messageries maritimes, d'un certain âge, mais admirablement disposé pour une excursion de plaisir, grâce à ses vastes ponts et à ses beaux salons. Dans son jeune temps, il a fait ses preuves en affrontant les grands océans extérieurs ; il est sérieux, d'allure réfléchie ; ses machines, qui commencent à grisonner, ne font plus de folies et se contentent de douze milles à l'heure ; aussi, est-ce avec une entière sécurité que nous nous confions à ce bon père de famille. La Méditerranée, c'est son asile des vieillards.

CHAPITRE II

Le personnel a été trié sur le volet, car il est d'une amabilité parfaite, depuis le grand chef, qui est le commandant Rebufat, jusqu'au plus infime serviteur; pour la circonstance il a été augmenté, afin que rien ne cloche. C'est ainsi que nous avons deux commissaires; des garçons de service, on en trouve dans tous les coins et recoins; pour une douzaine de dames, il y a deux femmes de chambre, toujours prêtes à voler à leur secours dans les cas pressants.

Sur ce corps de troupe veille un maître d'hôtel à allure martiale, avec un faux air de feu Napoléon III, toujours sur le qui-vive. Quand, à l'heure du dîner, il revêt son frac solennel et qu'il glisse en un temps et un mouvement ses rudes mains dans des gants de coton blanc, tout son être se hausse à une dignité suprême; son geste devient épique et son front se couronne de l'auréole du commandement; on le dirait tout chargé d'électricité, et toutes les fois qu'il regarde ses hommes, le service s'accélère comme par enchantement, les bouteilles se remplissent, les munitions se renouvellent. Tel un grand général au plus fort de la mêlée: il vous faudrait un couteau, Napoléon l'a vu: le couteau, le voilà! et pas de quartier. Vous voudriez du sel, Napoléon le devine: un geste autoritaire cingle l'air, le sel est à votre portée, et si vous en manquez désormais, ne vous en prenez qu'à vous-même. O maître d'hôtel du « Sénégal », je salue en toi une des choses qui se rencontrent le moins, dans tous les gouvernements : *The right man in the right place.*

Passons à la cuisine qui fournit le matériel de guerre. Elle est sur le pont, largement ouverte à tous les vents, qui la purifient de ses buées tièdes et graisseuses ; tout s'y fait au grand jour, franchement et loyalement ; vous n'avez qu'à vous arrêter devant les grilles, et vous apercevez une dizaine d'employés, de blanc tout habillés, pilant, raclant et rôtissant, au milieu de tout un arsenal de casseroles, de marmites et de passoires ; une vraie batterie... de cuisine, la seule qui soit de mise dans une expédition pacifique, qui n'a pas la prétention de trancher la question d'Orient. Pour donner de l'ouvrage à ce bataillon de cuisiniers, de cambusiers, de boulangers et de pâtissiers, voici ce que l'on nous propose comme plan d'attaque :

1° *Le matin*, au saut de la couchette, un petit déjeuner : lait, thé, café, chocolat, beurre, jambon, etc. Je transcris fidèlement l'ordre du jour.

2° *De 11 heures à 1 heure.* — Déjeuner à la fourchette. Ici je prends au hasard un de nos menus :

HORS-D'ŒUVRE

Beurre, Radis, Melon, Olives noires,
Sardines à l'huile, Porc froid.

PLATS DE CUISINE

Omelette fines herbes, Langoustes à l'Américaine,
Navarin aux légumes,
Biftecks à la Bordelaise, Côtelettes aux pommes.

DESSERT

Neufchâtel, Hollande, Raisins, Pêches, Poires.

CAFÉ

3° *4 heures du soir.* — Thé.

4° *7 heures du soir.* — Dîner à table d'hôte. Je ne transcris plus, pour ne pas vous mettre mal à l'aise.

5° *A 9 heures.* — Thé avec accompagnement de biscuits et de citrons.

Je dois dire qu'à de rares exceptions près, nous n'avons jamais manqué d'être à notre poste à l'heure indiquée, et que les rares déserteurs l'étaient... bien malgré eux.

14 septembre.

Pendant que je parle, le « Sénégal » a fait de la route ; loin, bien loin sont les côtes de la patrie. Entre la Corse et la Sicile, nous sommes pris par une grande houle qui arrive en droite ligne de l'Atlantique, par le détroit de Gibraltar, et qui s'est donné la peine de faire 1500 kilomètres pour engager une *scottish* avec le « Sénégal ». Dès les premières mesures, plusieurs touristes s'esquivent avec ce bâillement caractéristique qui dénote qu'on ne va pas au buffet...

Après le détroit de Messine, nous entrons dans une vraie fournaise, mais, en revanche, la mer ne fait plus d'avances à son cavalier de la veille, et tout le monde jouit de ce lendemain de fête, ce qui est rare. Qu'en dites-vous, mesdames? Mais quand vous aurez dansé de cette danse-là, vous comprendrez quel bien-être on éprouve quand on a plaqué les derniers accords et remisé les *violons*.

Nous doublons le cap Spartivento, dont les roches brûlées nous renvoient une lumière éblouissante. Bientôt toute terre s'évanouit, et nous voilà dans le bleu de la mer Ionienne et dans l'or d'une atmosphère ardente. Tout étincelle, de la surface des eaux jusqu'au plus profond des cieux; c'est comme un beau rêve qui se poursuit dans une réalité encore plus belle.

A cheval, hussard, ta selle mouille!

dit un joyeux refrain de France. Il semble, en vérité, que je l'oublie pour faire des haltes trop fréquentes. Mais voilà ! Je suis loin d'être un hussard, et il ne *mouille* pas du tout, comme on dit dans l'île de Ré. La pluie, nous ne l'aurons que la veille de notre retour à Marseille.

15 septembre.

Toute la soirée de notre second jour de navigation, nous la passons à voir décroître dans le lointain le grand cône de l'Etna. Pendant des heures et des heures, il reste dans le prolongement de notre sillage, tout au fond, dans l'Occident qui s'enflamme de plus en plus ; son sommet triangulaire semble dressé là pour recevoir la boule de feu qui descend perpendiculairement sur lui ; les voilà tangents, et pendant une seconde leurs formes géométriques tracent un problème dont la ligne horizontale de la mer, l'angle aigu de la montagne et la sphère rouge du soleil sont les magnifiques données. A l'arrière du « Sénégal », tous les passagers sont en extase devant ce grand tableau d'or sur lequel le Créateur nous démontre sa puissance infinie. Bientôt l'astre du jour disparaît derrière la sombre dent qui le dévore, et la nuit tombe en silence sur la mer Ionienne, pendant que notre paquebot, qui s'en va toujours, jette dans le noir ses petites lucioles électriques.

16 septembre.

Le lendemain, nous voguons en face des trois caps de la Grèce, évoquant nos souvenirs classiques et songeant aux horreurs de la guerre récente. Je revois en pleine lumière ces âpres montagnes devant lesquelles j'avais passé à mon retour de Constantinople, à la mélancolique clarté de la lune. En vain, nous jetons aux rochers les échos de nos voix pour attirer l'attention du légendaire ermite. Nos cris se perdent sur l'abîme. Voilà l'antique Cythère à notre droite; elle s'élève désolée sur les flots, sans rien qui rappelle les charmes de jadis. Pauvre Vénus, bien morte, comme tout ce monde païen qui fleurit sur ces rivages. Athènes est là, dans le fond de son golfe, à 7 ou 8 heures de marche; mais je ne verrai pas encore cette fois ses marbres, ses temples, son Acropole. Oh! que mon âme en souffre, tenez, ne parlons plus de cela! D'autant qu'il est l'heure de regagner sa cabine et de prendre un peu de repos. Le soleil se lève tôt, et pour rien au monde je ne voudrais manquer ce moment glorieux. Il est si facile, ce petit effort; par les sabords, ce grand jour des aurores d'orient vous transperce les paupières, bien avant que le soleil fasse son apparition; et puis les couchettes de paquebots épousent si peu vos membres endoloris qu'on divorce sans hésiter ; point n'est besoin d'une toilette complète ; on passe à la hâte l'essentiel, quitte à mettre les points sur les *i*, un peu plus tard. Quelle récompense vous attend quand, surgissant des flancs assombris du navire, vous ressuscitez à la lumière matinale. Oh ! je vous en supplie, ne me regardez pas, pas plus que je ne regarde les quelques fanatiques de la nature qui sont autour de moi sur l'avant ; nous sommes défraîchis, à peine éveillés, drôlement accoutrés. Ne regardez pas le navire, lui non plus n'a pas fait sa toilette ; il est tout couvert d'une rosée troublée et noircie par la poussière de charbon.

Tout cela a besoin de se débarbouiller pour se rajeunir d'avoir vieilli d'une nuit.

Là-bas, devant nous, d'un bout à l'autre du ciel, c'est frais, c'est jeune, c'est tout neuf. On dirait que ces soies roses voient le jour pour la première fois, que ces franges d'or n'ont jamais servi, qu'on n'a jamais passé sur le velours changeant de la mer ; et quand le soleil paraît, « il est semblable, comme « dit le Psalmiste, à un époux qui sort de sa chambre « nuptiale, et il se réjouit comme un homme vaillant « pour faire sa course. » Pendant toute la matinée nous passons à travers les Cyclades ; il y en a à droite et à gauche, elles semblent s'en aller au fil de l'eau, dans la clarté limpide ; à les voir si tendrement roses, on ne leur donnerait pas leur âge, qui est des siècles.

De grandes cartes marines sont exposées sur le pont ; le capitaine du « Sénégal » a marqué par un trait au crayon la route que suit son navire, ce qui permet à chacun de s'orienter et de donner les noms aux terres qui sont en vue, et elles défilent les unes après les autres : *Santorin, Anaphi, Sofrani*, se ressemblant comme des sœurs, penchées sur le même miroir.

Nous approchons de l'Asie-Mineure ; voilà quatre-vingt-seize heures que notre hélice ne s'est point arrêtée de cravacher la mer qui écume. C'est avec joie que nous touchons à notre première escale.

17 septembre.

A l'heure dite, comme si nous nous avancions sur des rails, le « Sénégal » entre en rade de Rhodes. Nous stoppons à quelques encablures du rivage ; la poitrine du « Sénégal » retient son formidable ahan, et c'est une impression délicieuse que ce temps d'arrêt de notre monture, d'autant que la mer lui laisse une paix parfaite. Encore une dernière convulsion, comme si la bête rendait les entrailles ; c'est l'ancre qui tombe, entraînant avec un bruit de tonnerre les maillons de sa chaîne; les bulles d'air grésillent à la surface, en traçant comme à la craie, sur le bleu des flots, l'image

Débarquement des touristes dans le port de Rhodes.
(D'après une photographie de M. Ernest Diehl.)

agrandie de l'ancre disparue. Le « Sénégal » tire sur sa longe de fer, puis étend ses flancs sur la litière d'azur.

A notre approche, une quantité de petites embarcations montées par des indigènes sont accourues, et le long de l'échelle nous nous précipitons; c'est à qui touchera terre le premier. Nos nouveaux matelots ont bien l'air un peu rébarbatif, mais nous sommes en nombre et loin de l'Arménie. Au premier coup de rame, je jette un petit regard d'adieu au « Sénégal », et je me dis avec une fierté attendrie : Cela, c'est terre de France, et non pas terre turque.

En imagination, nous passons entre les jambes du fameux *colosse* qui défendait le petit port, un pied sur chaque môle. Heureusement qu'un tremblement de terre est venu le délivrer de cette fatigante posture, il y a de cela un peu plus de 21 siècles. De ce grand passé où Rhodes, colonisée par les Phéniciens, puis par des Grecs, fut puissante par le commerce, par les arts, par les lettres, et lançait sur les mers les premiers marins du monde, plus trace! Là, on aimerait, sous le ciel éclatant, trouver les belles lignes des temples grecs, le calme majestueux des statues qui peuplaient jadis la ville; et la première impression qu'on reçoit, c'est une profonde surprise, à la vue d'une architecture en contradiction avec celle qui était née de ces climats. En effet, Rhodes se présente à nous, disposée en éventail sur la colline et maintenue par une ceinture de remparts crénelés, reliant des tours comme on en voit dans nos vieilles forteresses. C'est le gothique transplanté en plein Orient ; cela produit le même effet que le fronton du Parthénon perçant les brumes de Londres.

Nous voici à quai, si l'on peut appeler de ce nom les quelques planches sur lesquelles nous sautons ; toute la population s'attache à nous de la façon la plus persistante, presque inquiétante. Grande animation parmi tous ces orientaux qui flairent une pluie de bakhchîch. Quant à eux, ils flairent autre chose, et je vous assure que ce n'est pas la rose qui donna à la ville son nom si gracieux de Rhodes (du grec ρόδον). Sur le port, à toucher l'eau, sont installés toutes sortes de boutiques et ces établissements particuliers où on débite des espèces de pommades délayées, quand on ne veut pas s'en tenir à la petite tasse de café turc. Comme par un coup de baguette, nous voici transportés dans un monde tout nouveau. Quel contraste entre la Cannebière que nous venons de quitter et ces petites rues étroites, escarpées, creuses dans le milieu, comme un lit de torrent par où dévale une boue humaine. Bon gré mal gré, nous sommes pris dans les courants qui se croisent à travers le bazar, dans les remous des carrefours ; nous flottons comme des épaves au milieu des corps de chameaux, d'ânes, des gros ballots, mais tout cela est si inédit que nous avons des visages radieux. Nous nous formons par groupes sympathiques, déjà ébauchés pendant la traversée, et nous allons à l'aventure, d'une boutique à l'autre, d'une chose étrange à une chose plus étrange encore, promenant notre entrain à travers le flegme oriental. Les achats commencent; on aurait envie de tout, mais le difficile est de transformer l'or français en monnaie du pays, sans subir de perte trop grave. Il y a bien le brave cambusier du « Sénégal », mais il ne peut pas être partout; on se l'arrache. — Combien doit-on me rendre ? — Voilà ce qu'on vient de me donner, est-ce juste ? — Ah ! c'est qu'il faut un fameux esprit de discernement pour s'y reconnaître, dans ces fantastiques monnaies turques. En voilà une, large comme un de nos écus, bien frappée, qui a de la mine et du poids; tout naturellement, vous vous dites : elle vaut dix ou vingt fois plus que cette pièce mince comme un liard, large comme un bouton de bretelle, défigurée troué et tordue. Vous n'y êtes pas du tout : la première n'a qu'une valeur insignifiante, malgré sa belle apparence, tandis que la laideron, c'est autre chose ! Que de fois j'ai cru faire une bonne affaire en me débarrassant de mes vieilles pièces; je payais en grand seigneur, sans le vouloir. Mon cher artilleur ne s'y trompait pas, lui; il était à cheval sur ces pièces. Que n'est-il là ; j'aurais recours à son *flair*.

De la basse ville, qui est le quartier du port et des affaires, nous nous élevons vers ce qui était autrefois la ville noble, et sous la conduite de M. Diehl, qui est comme le chef intellectuel de notre caravane, nous parcourons la fameuse rue des Chevaliers, qui conduit au haut de la ville; là se trouve le palais des grands-maîtres de l'Ordre des Chevaliers de Saint-Jean.

La rue est presque déserte; nous y sommes seuls et nous pouvons nous recueillir dans les souvenirs du passé, tout en admirant une résurrection d'une cité du moyen âge. A droite et à gauche, ce ne sont que façades ornées d'écussons et découpées de baies ogivales. Sur le *Prieuré de France*, on voit encore les fleurs de lis de nos rois, que le soleil d'orient n'a pas fanées. Partout on découvre des blasons incrustés dans la pierre, avec la croix et les armes des anciens chevaliers. On pense à ces hommes bardés de fer qui, de France, d'Italie, d'Espagne, d'Allemagne et d'Angleterre, étaient venus ici, après avoir quitté tout ce qui était cher à leur cœur, pour y défendre contre le Turc détesté la grande idée de la Croix, dont ils portaient l'image sur la poitrine cuirassée.

Pendant 212 ans, de 1310 à 1522, ils firent sentinelle sur cette frontière de l'Europe chrétienne. Ils étaient 600, soutenus par quelques milliers de soldats mercenaires, quand ils virent arriver devant leur forteresse les 700 navires et les 150,000 hommes de Soliman. Le siège dura six mois, 40,000 Turcs tombèrent sous leurs coups; enfin, le 25 décembre 1522, la place dut capituler. Le vainqueur témoigna aux Chevaliers son admiration pour l'héroïsme qu'ils avaient déployé et leur permit d'emporter, en quittant la ville, leurs reliques, leurs étendards et leurs richesses. Que les temps sont changés! Tous ces peuples qui se donnaient fraternellement la main pour résister au Turc, se la tendent encore, moins fraternellement peut-être, pour laisser au sultan rouge le droit de massacrer ceux de ses sujets qui se réclament de la Croix de Christ.

Par cette rue des Chevaliers, qui est du moyen âge le plus authentique, avec ses blasons scellés aux murs, ses portes encadrées de fines sculptures, ses gargouilles dont le gosier ne se mouille qu'en décembre et en février, sa chaire en plein vent où montait le patriarche pour prêcher la guerre sainte, nous parvenons jusqu'au monument qui fut le palais des grands-maîtres et qui est transformé en hôpital militaire et en prison·d'État.

Notre caravane marche sous la haute surveillance du chef de la police et de deux ou trois personnages dont il est assez difficile de déterminer les grades et fonctions. Ce qui est certain, c'est qu'ils nous laissent aller à peu près où nous voulons, et qu'ils ont l'air le meilleur enfant du monde. On se demande comment ces gens-là, ou leurs pareils, peuvent, à certains moments, mettre le feu à des églises pour y brûler des femmes. La consigne n'est un peu sévère qu'à l'endroit des photographies, et encore ! Un Kodak a vite ouvert et fermé l'œil. Je n'en veux pour preuve que la première page de l'Album-Souvenir publié par la *Société générale des sciences*, où s'étale toute une série de vues des remparts et des rues. Qui ne sait que tous ces murs crénelés tomberaient en poussière sous la rafale des obus modernes ?

Nous suivons un mur de ronde qui domine la forteresse, et comme nous sommes au point culminant de la cité, un magnifique panorama s'offre à nos regards. Toute une cascade de toits se précipite vers la mer, et par delà ce fossé bleu de vingt kilomètres on aperçoit les montagnes de l'Asie-Mineure ; vers le sud, c'est la croupe de l'île qui s'en va avec des renflements de huit à douze cents mètres, et sur ce magnifique tableau s'épand une lumière intense, tombe une volée de flèches d'or qui se plantent partout, hélas ! même sur nos pauvres crânes que défendent avec peine nos casques coloniaux.

Nous voici le long d'un parapet qui domine d'une

dizaine de mètres une vaste cour où se promènent, en une liberté relative, ce que nous appellerions des forçats. En ma qualité d'aumônier du Dépôt des condamnés de Saint-Martin-de-Ré, je m'intéresse vivement à cette catégorie de citoyens. Quand on connaît la justice turque, on frémit à la pensée du peu qu'il a fallu pour amener dans ce lieu de tourments quelques-uns de ces prisonniers. Mais de quoi vais-je me mêler ? Il y a *chose jugée*; inclinons-nous devant le *tabou* du jour.

Deux jeunes hommes surtout attirent mes regards; ils se promènent de long en large, splendides d'allure, fièrement campés, serrés dans leur juste-au-corps, guêtrés comme les héros d'Homère aux belles cnémides ; ils se tiennent enlacés par la taille avec une tendresse charmante, comme si de tous les biens perdus il ne leur restait que l'amitié. Il y a quelque chose de touchant dans cette douceur qui fait un si parfait contraste avec la sauvage énergie que respire toute leur personne. Il n'est pas possible que ces deux éphèbes, beaux comme des Apollon, soient de vulgaires bandits. Non, ils ont voulu réaliser leur beau rêve de liberté, et c'est ce qui leur a valu la colère du sultan. Indifférents à tout ce qui les entoure, ils semblent à peine fouler cette terre d'esclavage, et toujours enlacés, on dirait qu'ils poursuivent toujours leur rêve. Mon cœur se serre à contempler leur infortune, tandis que mon œil se délecte à ce groupe de statuaire antique.

Nous jetons sur le sol de la cour de petites pièces de monnaie ; c'est à peine si quelques-uns de ces malheureux daignent se déranger pour les ramasser ; quant aux jeunes dieux, ils ne les regardent même pas. C'est bien autre chose qu'il faudrait à leur cœur :

> « Un bon fusil bronzé par la fumée et puis
> « La liberté sur la montagne. »

Nous gagnons la campagne par la porte Amboise, qui s'ouvre dans les remparts sur la face ouest, et, selon la coutume orientale, nous ne voyons autour de nous que pierres enturbannées marquant les innombrables tombes de tous les trépassés des grandes guerres ; c'est un cimetière turc, brûlé par le soleil, coupé de chemins rustiques qui s'éloignent de la ville ; de rares passants s'en vont, dans le grand silence et la grande lumière, ajoutant à peine un peu de vie à ce champ de morts sur lequel veillent les ombres transparentes de chardons desséchés. Quel contraste entre ce soleil radieux, ce ciel éclatant qui crient : Hosannah ! cette nature en joie qui voudrait faire sourdre la vie, et cette mort qui sort de partout à la fois, du passé et du présent, de ces murailles délabrées et de cette nécropole

Porte des remparts, à Rhodes.
(D'après une photographie de M. Ernest Diehl.)

déserte, de ces vivants qui marchent comme des fantômes et de ces stèles clouées au sol pour des siècles !

Je ne sais quel poids pèse sur mon âme; je me demande pourquoi cet Orient est si triste, alors que la terre est perpétuellement en fête, illuminée sans cesse, pavoisée nuit et jour. Ne serait-ce pas qu'il manque aux âmes les clartés intérieures, le soleil de justice qui porte la santé dans ses rayons ? Nous faisons le tour extérieur du rempart, admirant ses bastions et ses portes. C'est la désolation. De temps à autre, nous croisons quelque femme voilée qui s'avance le long des hautes murailles, dans une ombre bleue; le seul bruit qui parvienne à nos oreilles est celui des petits fers des ânes qui font un écho très grêle sous l'arcade d'une porte blasonnée. Oh! que sont devenues les cavalcades retentissantes qui s'engouffraient, avec un cliquetis de cuirasses, d'étriers et de gourmettes secouées, sous les belles ogives ?

Alors, les hommes et les choses étaient en parfaite harmonie; maintenant leur désaccord fait peine à voir. Et nous marchons toujours, ayant à notre gauche les murailles solitaires, à notre droite le peuple des chardons morts. Près d'une fontaine rustique se tient une belle jeune fille au visage découvert, telle une statue avec son amphore. Le sujet était trop tentant pour nos photographes, mais à peine cette Rebecca aperçoit-elle les objectifs braqués sur elle, qu'elle s'éloigne en ramenant son bras sur sa figure, avec une indicible expression d'épouvante; ses yeux de gazelle effarouchée s'emplissent de larmes, et elle s'enfuit, non sans laisser dans nos souvenirs la plus gracieuse vision.

De là, nous tombons sur un détachement de soldats turcs qui campe sous la tente, et dans ce délabrement propre à tout ce qui est turc. Voilà des militaires qui ne perdent pas leur temps à astiquer le fourniment. Est-il bien sûr qu'ils aient pratiqué consciencieusement leurs ablutions rituelles? à moins que ce ne soit la noble fumée de la poudre qui ait laissé des traces sur leur visage et sur leurs mains! Un peu plus loin, nous distinguons de gros boulets de pierre encore incrustés dans le mur des remparts. Ils attestent la puissance de ces fameux *basilics* ou gros mortiers, dont se servirent les Turcs pendant le siège de 1522.

Maintenant, par la ville, nous nous débandons au gré du caprice de chacun. Nous dévalons non plus par la presque déserte rue des Chevaliers, où il semble que les Rhodiens n'osent pas troubler la majesté des grands souvenirs, mais par les ruelles étroites et fourmillantes du quartier juif et du quartier grec. Ah ici, je vous assure que la vie reprend ses droits; des bataillons d'enfants de toute nuance, de toute peau et de tout poil se pressent sur le seuil des portes vermoulues, le long de corridors humides qui s'enfoncent vers des cours où plonge le

Une rue de Rhodes.
(D'après une photographie de M. Ernest Diehl.

soleil; des femmes de tout âge, de tout costume, matrones ayant passé fleur, fillettes courtes et dodues, jeunes filles à la mine hardie, au regard provocateur, sortent de toutes ces maisons basses, se montrent aux balcons, ou soulèvent leurs rideaux pour laisser entrevoir des bandeaux noirs posés comme un accent circonflexe sur leur visage de cire; jupes flottantes que rien ne retient à la taille, corsages ballants, tout un accoutrement auquel préside le négligé le plus certain et le goût le plus douteux. C'est du naturalisme le plus cru. Je vous le dis carrément, si on n'était pas là pour voir, on ne regarderait pas, ou l'on se contenterait du cadre : ici une porte à ogive, là une fenêtre à meneaux de la plus fine architecture. Nous sommes suivis de toute une bande enfantine ouvrant de grands yeux et de petites mains aux bakhchîch.

Sur une placette qui sent son moyen âge et bien d'autres choses, nous trouvons une escouade de touristes du « Sénégal », qui ont été invités à entrer dans un chai où un négociant leur offre du *raki*. Nous entrons à notre tour et goûtons à cette boisson indigène. Ce n'est ni bon ni mauvais; au contact de l'eau cela se trouble comme l'anisette. Nous fraternisons avec le propriétaire, qui a l'air de trouver que nous lui faisons grand honneur. De là, nous passons à une synagogue, où rien de curieux n'attire nos regards, et nous terminons la série par une mosquée. Devant une caserne, une sonnerie étrange nous arrive, répercutée par les grands murs de la cour; il paraît que c'est le salut au drapeau. D'entendre ces clairons aux cris aigus, il me passe comme un frisson au cœur; ce dut être un bruit semblable à celui de ces cuivres sauvages qui donna le signal des massacres arméniens dans la ville de Trébizonde, le 8 octobre 1895.

Dans une causerie sur le pont du « Sénégal », le commissaire du bord, jeune Marseillais plein d'entrain, nous avait entretenus, un matin, sur ce lamentable sujet. Il se trouvait avec un des navires des Messageries maritimes dans les eaux de la mer Noire, au moment des massacres, et il racontait devant nous les horreurs dont il avait été témoin : femmes massacrées, enfants coupés en morceaux, et le reste de ces ignominies qui seront une des plus grandes hontes de notre fin de siècle.

J'éprouvais intérieurement une certaine satisfaction à l'entendre confirmer, devant mes compatriotes, des faits qui m'étaient connus et que j'avais étudiés en vue d'une conférence. Mais il faut bien le dire, plusieurs de ceux qui faisaient cercle autour du narrateur avaient l'air d'entendre parler de ces choses pour la première fois. A qui la faute ? A notre presse, qui a gardé un coupable silence, alors que l'Europe entière était informée de ce qui se passait en Orient !

Il y avait longtemps que les journaux de la Suisse, de l'Angleterre avaient lancé le cri d'alarme, ainsi que nos journaux religieux protestants. Il semble que d'autres auraient dû tenir à honneur de dénoncer au monde civilisé les atrocités d'Arménie; c'était leur devoir de ministres de Jésus-Christ et de princes de l'Église. Malheureusement, ces pauvres Arméniens sont des hérétiques...

Dans la belle clarté du soir, les petites barques nagent maintenant vers le « Sénégal », et nous ramènent à notre cher domicile, pendant que les vieilles murailles découpées s'embrasent derrière nous. Nous sommes tous enchantés de cette première escale, qui nous a fait connaître une des villes les plus curieuses que la civilisation chrétienne d'Occident ait dressées contre la barbarie des disciples de Mahomet. Sous le régime turc, Rhodes se meurt depuis plus de trois siècles et demi; elle n'est plus que l'ombre d'elle-même; mais pour de telles ombres, que de réalités on donnerait! La nuit tombe vite, et la terre des roses n'est plus qu'une masse confuse; l'*épouse du soleil* a suivi son royal époux derrière le rideau des ténèbres.

CHAPITRE III

Le long de l'Asie-Mineure. — Adalia. — Ébahissement réciproque. — La cour aux chameaux. — Une surtout! — Au bazar. — J'adopte un costume. — Dans les cuirs. — Mes grigris. — Un intérieur grec. — Déjeuner en plein air. — Sainte baderne. — Le retour. — Le commerce allemand. — Souvenirs bibliques. — Une vision de l'antiquité.

Sous les étoiles innombrables, le « Sénégal » poursuit sa route et laisse sur les flots sombres une trace blanchâtre, comme une voie lactée. Nous longeons cette côte de l'Asie-Mineure, qui rappelle à mon esprit le nom du grand voyageur que fut l'apôtre Paul. La terre que nous avons à bâbord est l'ancienne Lycie, où furent les villes de Patara et de Myre qu'aborda le missionnaire, dans ses nombreuses allées et venues. Sous la domination romaine, toutes ces contrées avaient pris un magnifique développement; des colonies juives s'étaient établies un peu partout. L'Asie-Mineure était comme le trait d'union entre l'Orient et l'Occident; ce fut la voie naturelle que suivit la religion du Christ, pour pénétrer dans notre Europe. Comment ces rivages ne seraient-ils pas chers au cœur chrétien? puisqu'ils ont vu passer cette grande lumière qui, après s'être levée sur les collines de Judée, devait resplendir jusqu'à nous.

18 septembre.

Dès l'aube, je suis sur le pont pour voir le soleil inonder de ses rayons naissants les montagnes de la Lycie; les teintes sont de toute magnificence, comme celles d'un autre monde; un calme absolu règne autour de moi sur la mer et sur la terre voisine, et, dans la solennité de cette heure tranquille, je me sens pris d'un recueillement intense; j'élève mes pensées vers le Dieu de l'univers.

Après avoir doublé le cap Chelidon, nous remontons droit au nord; toujours à bâbord, de hautes montagnes surgissent des flots, couvertes d'une sombre verdure, et par derrière, ce sont des sommets pelés comme des crânes roses, déjà frappés par le soleil. C'est une grande solitude: pas d'habitations sur les hauteurs, quelques cases blanches sur le bord bleu, deux ou trois voiles peureuses de s'éloigner de terre, c'est tout le tableau et, comme fond, les montagnes à pic qui semblent sortir du cadre au-dessus de nos têtes. Il n'est pas rare d'apercevoir quelques ruines sur les falaises pittoresques que lèche la mer. Que ces parages ont dû être animés jadis ! Et l'on comprend que cette terre si belle, que cette mer si avenante aient appelé là de nombreuses colonies. Sans cesse, ces rives étaient visitées par les voyageurs qui allaient et venaient entre l'Europe et l'Asie ; la navigation d'alors, ne possédant pas les magnifiques ressources de la vapeur, n'était guère que du cabotage ; les navires suivaient la côte, prêts à se réfugier à l'approche du mauvais temps dans les abris naturels que leur offraient les découpures du rivage voisin. Notre « Sénégal » s'avance majestueusement au pied de ces remparts de rochers, du haut desquels retombe comme un manteau de lierre la verdure des grands bois. Placé sur l'avant au-dessus de l'étrave, qui fend l'indigo en rejetant à droite et à gauche un léger filet d'écume, je jouis des souvenirs du passé et des charmes du présent. Je relis avec une vivacité d'impression, jamais ressentie auparavant, le chapitre XIV du livre des Actes des Apôtres, car nous approchons de cette ville qui fut Attalie et dont le nom moderne est Adalia.

Vers neuf heures du matin, nous laissons tomber l'ancre en face de la ville et, comme à Rhodes, toute

Adalia.
(D'après une photographie de M. Ernest Diehl.)

une nuée de barques vient s'abattre autour du « Sénégal ». Devant moi s'étend en amphithéâtre la plus pittoresque cité qu'oncques je vis. Cernée de remparts, elle a encore pour ceinture naturelle une luxuriante verdure; à droite et à gauche, de grands pans de rochers sont couronnés de forteresses qui semblent ne faire qu'un avec eux; l'entrée du port est barrée de grands murs qui font encore

Adalia. — Anciennes fortifications du port.
(D'après une photographie de M. Ernest Diehl.)

sentinelle, depuis des siècles, et entre lesquels nous passerons tout à l'heure.

Sur un quai très étroit, qui déborde au pied des murailles, se presse une population multicolore pour laquelle nous devons être une aubaine inaccoutumée; car on ne vient guère à Adalia, qui est en dehors des grandes routes maritimes. Nous nous demandions même pourquoi on nous faisait dépenser une journée dans ce coin perdu d'Anatolie, alors que notre temps d'excursion en Palestine était si limité! ne valait-il pas mieux nous donner un jour de plus à Jérusalem? Certes, aucun de nous n'a regretté sa visite à Adalia; c'est si bon de planter les dents dans une pêche qui a encore son duvet, de cueillir au passage une ville qui n'a pas été déflorée par les attouchements de la civilisation. Ici tout est nature au premier chef, bêtes et gens, rues et passants, demeures et habitants.

Nous commençons par mettre pied à terre sur un quai large comme la main et qui frise l'eau. Toute une population masculine de peau brune et de vêtements clairs se presse autour de nous, jusqu'à gêner nos mouvements, avec les signes non équivoques de l'ébahissement le plus comique. On dirait que de mémoire d'homme on n'a jamais vu un navire jeter sur la grève d'Adalia pareils échantillons de notre espèce, et, de fait, nous formons un assemblage d'un pittoresque achevé, avec nos costumes fantaisistes, nos coiffures variées à l'infini, nos bandoulières où pend un peu de tout.

En somme, elle est bien légitime, l'émotion que

nous causons à ces braves gens, et si nous n'avions pas eu le temps de nous familiariser petit à petit avec les différents articles de toilette qui ont fait

Adalia. — Débarquement à quai.

(D'après une photographie de M. l'abbé Stoffaes.)

leur apparition en cours de route : cravates éblouissantes, plastrons rappelant les couleurs du prisme, boléros exotiques, sombreros de toutes provenances, nous ririons bien les uns des autres... et eux, sur qui nous tombons à l'improviste, ne riraient pas !

Nous passons sous une grande porte encombrée de marchandises et de marchands, et nous voici en face d'une rue qui dégringole du haut de la ville; elle ressemble à un lit de torrent où se précipite la foule. Nous nous avançons comme nous pouvons, en remontant le courant sur une cataracte de pavés abominables. Nous sommes en pleine vie orientale, au milieu d'odeurs inconnues, de couleurs qui sautent aux yeux, de bruits singuliers, et l'étrangeté de toutes ces choses nous entre par tous les pores. C'est comme si nous avions changé de planète. Le spectacle le plus intéressant s'offre à nos yeux émerveillés. C'est une cour remplie de chameaux qui arrivent par caravanes, de l'intérieur, pour apporter du grain à une grande minoterie qui touche à la mer et qu'actionne une chute d'eau. Les uns viennent d'être déchargés, les autres ont encore sur leur bosse des ballots gigantesques qui ont dévalé des plateaux fertiles de l'Asie-Mineure. C'est un entremêlement prodigieux de grandes jambes et de petites queues, sur lequel se balancent des cous onduleux, des touffes de crins, des têtes osseuses d'où sortent de gros yeux résignés ; sur ces vagues brunes de dos mouvants darde un soleil de feu qui pompe la moiteur des peaux, remplissant l'atmosphère de senteurs pénétrantes; et puis c'est tout un carillon de clochettes qui tombe de haut, apportant un écho du pas cadencé des caravanes le long des routes infinies. Mon imagination s'envole vers ces intérieurs de pays que jamais mon pied ne foulera. Longtemps je m'arrêterais à contempler ces cara-

Le « Sénégal » dans la baie d'Adalia.
(D'après une photographie de M. Maunoury.)

vanes au repos. Hélas! moi aussi je fais partie d'une caravane, mais celle-là trotte toujours, et il faut suivre, à moins d'être abandonné comme une épave.

A quelques pas de là, nous arrivons sur un endroit découvert, d'où on a vue sur la mer, et qui fait partie de la minoterie. Le propriétaire nous accueille avec la plus parfaite amabilité, et en notre honneur, on détourne le ruisseau qui fait jouer les meules, pour le laisser choir en magnifique cascade qu'argente le soleil. Nous assistons aux grandes eaux d'Adalia.

Et maintenant il s'agit d'escalader les couloirs alpestres qui mènent au haut de la ville, vers les remparts et les terrasses supérieurs. C'est un vrai tour de force; la caravane y laisse quelques-unes de ses unités; une surtout suait, soufflait, était rendue... Elle aurait bien pris une voiture, mais il n'y en a pas à Adalia; quant à la hisser sur un âne, il n'y fallait pas songer; la pauvre bête y aurait laissé ses reins. Les autres grimpent comme des chats maigres par des ruelles épouvantables, où il n'y a pas trace de voirie, où nous avons mille peines à éviter les traces contraires. Mais quels jolis détails! tantôt c'est une tour qui se dresse comme un fût de palmier, tantôt c'est une niche ornée de gracieux motifs d'architecture qui rappellent les stalactites, tantôt c'est une vieille porte bardée de fer, constellée de gros clous; à chaque pas on stationnerait, bouche bée, devant une scène de mœurs, un costume pittoresque, un petit tableau de couleur orientale, et il faut marcher, marcher toujours sous ce soleil qui vous pose des charbons sur les épaules, et sur ces pavés qui vous lancent des flammes dans les jambes. De là haut, on a de splendides échappées sur le golfe d'Adalia, dans lequel tout le ciel se mire. Nous parvenons enfin au bazar, qui étend ses lignes de boutiques sur un vaste plateau derrière la ville. Les rues sont couvertes, les unes par des treilles en

Golfe d'Adalia.
(D'après une photographie de M. Ernest Diehl.)

forme de tonnelles, les autres par des toiles légères qui tamisent la lumière, et de tous ces étalages en plein vent, il vous vient des bouffées de parfums violents ou d'une épouvantable cuisine, des faisceaux de couleurs, des visions de choses, qui vous font venir l'eau à la bouche, et de choses qui vous mettent le cœur sur les lèvres. Nous sommes accompagnés d'une foule de curieux qui se pressent autour de nos vestons et de nos pantalons étroits et incommodes. Ah! certes, par la température dont nous sommes loin de jouir, que bien vite on en arrive à comprendre la culotte bouffante, la tunique flottante, la robe ouverte de haut en bas, qui permettent à l'air de prendre ses ébats autour de votre personne et de vous apporter un peu de bien-être! Quel martyre de se sentir emprisonnés comme nous le sommes ! c'est une seconde fournaise que nous nous appliquons dans la grande fournaise. Tant pis pour le décorum, je prends la résolution de ne plus quitter le « Sénégal », où la brise de mer rend la chaleur supportable, que vêtu à l'orientale, autant que faire se peut. Voici comment je m'y prendrai à l'avenir : Sur la tête le casque colonial, il y est déjà; pour le haut du corps la chemise de flanelle, et par-dessus, un vaste cache-poussière de toile. Jusqu'ici rien de mieux et rien de plus facile, l'embarrassant c'est le reste; après bien des combinaisons mort-nées, je suis bien obligé de m'en tenir au pantalon d'usage en Europe, je serai au moins à l'aise jusqu'à mi-corps. C'est dans cet uniforme de roi nègre que j'ai fait mon tour d'orient. L'empereur d'Allemagne, n'ayant pu user de semblables procédés de ventilation, a dû écourter son voyage en Palestine, à cause de la très grande chaleur... d'autres prétendent que la politique y était pour quelque chose.

Chi lo sa ?

Je me lance dans le bazar avec des projets d'achat, tout m'attire; il faut borner ses désirs, je m'en tiendrai à une spécialité, celle des cuirs; c'est commode à transporter, c'est souple, ça prend la forme que l'on veut, au fond de la malle, et puis ça résiste aux mites. Je m'épargnerai ainsi le chagrin de voir disparaître peu à peu sous la dent de ces horribles bêtes les objets rapportés à grand renfort de soins et de diplomatie douanière. En disant cela, je songe au fez d'un tissu si ferme et si délicat ramené de Constantinople, et que je n'ai pu défendre contre l'ennemi. Chaque fois que j'y touche, c'est pour constater quelque nouveau ravage.

Justement me voilà devant une boutique de corroyeur, et mes regards s'attachent à une cartouchière faite pour être enroulée à la ceinture; elle est ornée de paillettes et d'œillets et formée de cuirs de différentes couleurs, qui lui donnent l'aspect le plus réjouissant. J'entre en pourparlers avec le marchand, et nous ne nous entendons pas du tout. Grâce à l'interprète du « Sénégal », qui arrive sur ces entrefaites, le marché est conclu pour un *Medjîdi*, c'est abordable; et je me sangle de mon acquisition dont les minces lanières, en forme de barbe, m'arrivent jusqu'aux genoux. Je me laisse encore tenter par une petite boîte rectangulaire assortie à la cartouchière, et que j'enfile à sa suite, à ma ceinture. Oh! la belle bride en cuir vert, aux pompons de laine rouge! et ce licol original formé de cordelettes juxtaposées, comment résister? L'un après l'autre, tous ces articles viennent se suspendre autour de ma taille en un étalage flamboyant; me voilà parvenu à la dignité de sorcier accompagné de ses grigris. Je m'avance bravement au milieu de tous ces orientaux, qui veulent bien se départir de leur flegme habituel sur mon passage; quand je dis bravement, il ne faudrait pas trop prendre cela au pied de la lettre, car je me souviens qu'en passant dans le quartier des bouchers — voyant un grand escogriffe qui me barrait la route en aiguisant avec complaisance un grand couteau, comme s'il m'en réservait l'étrenne — j'eus un petit moment d'émotion; je ne me sentais pas à l'aise, malgré ma cartouchière.

Au sortir du bazar, nous pénétrons dans le quartier grec, plus propre et mieux entretenu; de larges rues avec des ruisseaux d'eau courante et de beaux ombrages, des maisons de style moderne avec perrons et fenêtres en saillie. Sur le seuil des portes sortent en hâte toutes les belles dames de la communauté pour nous voir passer; longues robes de couleur claire, longues tresses de cheveux noirs qui s'échappent d'un petit bonnet de feutre en forme de moule à œufs au lait de l'effet le plus disgracieux. Heureusement que la plupart ont une jolie figure à mettre dessous.

Adalia. — Dans le quartier grec.

(D'après une photographie de M. Ernest Diehl.)

Un riche négociant nous fait les honneurs de sa maison et nous invite de si bonne grâce que nous ne résistons pas à l'envie de voir un de ces intérieurs. Le bâtiment est tout neuf, à peine achevé; grands corridors, grandes chambres, plafonds élevés;

nous visitons la maison du haut en bas, même le sanctuaire de ces dames. En fait de meubles, le strict nécessaire, rien qui ressemble au confort de nos appartements remplis de menus objets, de riens adorables et de bibelots. Nous allions nous retirer avec force salamalecs, lorsqu'on nous oblige à nous asseoir dans un boudoir, et la jeune fille de la maison, avec une gaucherie qui n'était pas sans grâce, vient nous offrir des fruits confits et une de ces boissons parfumées qu'aime l'orient. Elle se tient devant nous, posée comme une statue de la jeunesse ; à la naissance de son cou, droit comme une tour, brille une pièce d'or de 40 drachmes portant l'écusson de la Grèce, la patrie du cœur. Dans un coin, sur un sofa, un homme d'un certain âge fait sa sieste avec une mine de pacha hébété.

Je vois encore le petit salon plein de fraîcheur, les cheveux noirs de la maman, la robe blanche et les longs doigts roses de la fillette. Et ainsi, au hasard des voyages, on passe, une fois pour toutes, et jamais plus on ne repasse.

Autour d'Adalia règnent de magnifiques bosquets d'orangers et des bois de platanes. Nous les traversons pour nous rendre sur un promontoire où les marins du « Sénégal » ont amené tout un chargement de bourriches. En face du golfe d'Adalia, qui s'étend à nos pieds comme un parquet d'azur, à l'ombre d'un arbre gigantesque, au murmure d'un lacis d'eaux courantes qui s'enfuient vers la mer, nous allons déjeuner.

Le soleil de midi, à travers le feuillage, laisse

Adalia. — Déjeûner sous les grands platanes.
(D'après une photographie de M. Ernest Diehl.)

tomber sur nos assiettes des tartelettes d'or. Heureusement pour nos estomacs rudement secoués par les pavés d'Adalia, les garçons du « Sénégal » ont autre chose à nous servir. Tout est à profusion ; c'est un vrai festin auquel nous faisons honneur.

Pour rafraîchir nos verres, on puise à pleines mains dans des sacs de laine remplis de neige amenée des montagnes voisines. A la fin du repas, un fonctionnaire turc arrive dans une calèche inénarrable; ce doit être la seule et unique de la ville. Nous le saluons par des hourrah frénétiques. Je l'applaudis en toute liberté de conscience, sachant que dans le villayet d'Adalia les Arméniens n'ont eu à subir aucun massacre. Nous lui faisons une ovation dont il revient une bonne partie à son air de sainte baderne et à son équipage fantastique. Lui, ne saisit pas la nuance et fait l'aimable avec nos dames, dont quelques-unes profitent de sa voiture pour le retour. Des âniers sont venus en grand nombre nous offrir leurs montures. J'en essaye une; la selle tourne. Je préfère revenir à pied. La route suit le haut de la falaise, elle paraît fraîchement établie; du reste, c'est la seule fraîcheur dont elle jouisse, tant elle est exposée au grand soleil. J'avoue que, malgré la beauté du spectacle, j'ai trouvé l'étape un peu longue. On prétend que le gouverneur a fait améliorer la route en notre honneur; on ne peut être plus prévenant, mais qu'eût-ce été?... En Turquie, les choses ne se font jamais que par à-coup.

Nous errons le long des remparts, et nous admirons un arc de triomphe qui porte le nom de l'Empereur Adrien. Les Turcs n'ont rien fait pour le conserver aux amateurs d'archéologie, et le simple aspect des lieux montre avec quel sans-gêne ils traitent cet historique monument.

Adalia. — Chemin dans les jardins extérieurs aux remparts.
(D'après une photographie de M. Ernest Diehl.)

La journée touche à sa fin. Lentement, comme à regret, je redescends vers le « Sénégal », dont le panache de fumée commence à se corser. Pendant que les plus pressés reviennent à bord, je m'attarde encore sur cette terre où j'ai passé des heures charmantes. Je me rends à un petit café turc bâti sur pilotis ; on nous sert des tasses minuscules de la boisson classique. J'achète les soucoupes ornées de caractères arabes, mais sans me laisser tromper par leur aspect oriental ; c'est de la faïence très ordinaire, d'origine allemande. Il paraît que nos voisins inondent de leurs produits tout l'Orient et prennent notre place. Toutes les bicyclettes, les porcelaines, les articles de ferblanterie viennent d'Allemagne. A Jaffa, on a vu en vingt-cinq années décliner notre commerce, puis grandir le commerce anglais, qui a fait place, à son tour, à celui des Allemands. Le dernier voyage de l'empereur Guillaume ne fera que donner une impulsion nouvelle à ces entreprises économiques. On peut dire que c'en est fait de notre influence en Orient. Mais trêve à ces observations, il est si doux de s'abandonner à toute cette poésie dont mon âme est enveloppée.

Ce fut peut-être par une belle soirée semblable à celle-ci que l'apôtre Paul s'embarqua pour Antioche de Syrie, après son premier voyage missionnaire en Pisidie et en Lycaonie. Il arrivait de cette ville de Lystre, où un instant on l'avait pris pour le dieu Mercure, et où le prêtre de Jupiter voulait lui offrir des sacrifices, ainsi qu'à son compagnon d'œuvre

Barnabas. Hélas! ce ne fut qu'un engouement passager, car quelques jours après il fut lapidé et laissé pour mort. Ses regards se sont arrêtés, comme les miens en ce moment, sur ces hautes falaises, sur ces rideaux de verdure, sur cette mer toujours la même dans sa splendeur immuable, il a navigué entre ces petits écueils qui défendent toujours l'entrée du port, et, à cette beauté incomparable de la nature qui m'entoure, s'ajoute le charme austère des pieux souvenirs. C'en est fait ; je jette mes adieux à cette belle isolée qu'est Adalia, la barque turque frémit sur les rides de la mer; un des derniers, j'arrive sur le « Sénégal ».

A la lumière éclatante et crue succède l'ineffable douceur de ces roses et de ces pervenches qui tombent du ciel assombri. Sur les collines de la ville, le long des remparts et sous les hauts platanes, toute la population féminine s'est groupée pour voir s'éloigner le « Sénégal », et c'est une noble vision de l'antiquité que toutes ces robes claires, toutes ces tuniques à longs plis sous les portiques de feuillage et dans l'or adouci du couchant. Longtemps j'attache mes regards à ces grands rochers couronnés d'un Parthénon de verdure, devant lequel passent et repassent les théories d'Adaliennes, en une procession de Panathénées.

CHAPITRE IV

L'île de Chypre. — Dans la fournaise. — L'apôtre Paul. — Un culte en mer. — Nous débarquons à Famagouste. — La demeure d'Othello. — Une blouse sans manches. — *Antica*. — Les églises en ruines. — Sur la route de Varocha. — Les poteries cypriotes. — Le serpent et la sonnette.

19 septembre.

Dans la nuit, nous suivons les côtes en faisant route au S. E., et déjà dans la matinée du dimanche nous longeons cette bande de terre aiguë que Chypre dirige comme une épée sous l'aisselle de l'Asie-Mineure, vers le golfe d'Alexandrette ; elle se compose d'une arête bordée de sables fauves. Dans cette partie de la Méditerranée, resserrée entre les montagnes du Taurus et celles qui forment la côte de Syrie, l'air se transforme en fournaise ; il a fait chaud jusqu'ici, il fait encore plus chaud, la marche du navire ne nous vaut aucun courant d'air, l'eau aucune fraîcheur. Le soleil règne en maître et accomplit son œuvre au milieu d'un silence de mort. De cette terre, que nous touchons presque, il ne nous vient aucun cri, aucune chanson d'oiseau, aucun signe de vie ; de cette mer que nous déchirons, pas la moindre plainte, un petit bruissement de lèvres qui se ferment derrière nous, et c'est tout ; du grand ciel profond et dépeuplé, que viendrait-il ? de la chaleur, encore de la chaleur.

Vers neuf heures, nous doublons le cap Saint-André, qui termine la presqu'île de Carpassos. Grands préparatifs sur le pont supérieur d'arrière. Les matelots du bord le transforment en chapelle au moyen de drapeaux des diverses nations qui ont des représentants sur le « Sénégal », et c'est d'un effet charmant que toutes ces couleurs qui fraternisent ; puissent les cœurs ne pas rester en arrière !

Un autel est dressé, on apporte quelques ornements sacrés, et bientôt paraît le prêtre chargé de dire la messe. Oh ! le beau temple, et en face de quelle nature ! Comment nos esprits et nos cœurs ne s'élèveraient-ils pas vers Dieu ? Les protestants (nous étions une dizaine à bord), dans une pensée de bonne confraternité chrétienne, se joignent aux catholiques. Certes, le lieu et les circonstances se prêtaient singulièrement à l'émotion religieuse, et il y avait quelque chose de touchant dans cette union de fidèles ayant des *Credo* divers, ou peut-être n'en ayant guère, rassemblés dans une même pensée d'adoration, à l'ombre de tous ces drapeaux, qui, des patries terrestres, transportaient nos âmes jusqu'à la patrie commune et éternelle : le ciel.

Cette île de Chypre est célèbre dans l'histoire du christianisme; elle marque la première étape de l'apôtre Paul, au moment où il s'enfonçait dans les ténèbres du paganisme, pour y porter la lumière de l'Évangile. C'était vers l'an 45. Paul et son compagnon d'œuvre Barnabas venaient de quitter la ville d'Antioche de Syrie; en un jour de marche ils purent atteindre le port de Séleucie, où ils devaient s'embarquer; le soir même, ils avaient sous les yeux ces flots bleus qui devaient si bien servir Paul pour porter la Bonne Nouvelle dans ce monde antique, dont la Méditerranée était le centre. De là ils partirent pour l'île de Chypre, qui est si voisine que, par un temps clair, on peut en apercevoir les montagnes sur le miroir de la mer.

Quel moment que celui où les deux apôtres sentirent la brise gonfler les voiles du navire qui les emportait! C'est le christianisme qui part pour conquérir le monde et qui ne s'arrêtera que quand toute langue confessera que Jésus est le Seigneur; c'est l'aurore de toute cette civilisation que nous devons aux immortels principes d'amour et de liberté que le Fils de Dieu est venu donner au monde. Un navire qui porte Paul et la fortune du christianisme ne saurait sombrer.

En quelques heures ils atteignirent l'île de Chypre, au port de Salamis, situé sur la côte orientale, à une dizaine de kilomètres de la ville actuelle de Famagouste. Le lieu où débarqua l'apôtre est donc juste en face de nous; on n'y voit actuellement qu'un misérable village qui a pour nom Porto-Costanzo; les eaux sur lesquelles s'avance le « Sénégal » sont semblables à celles qui virent flotter la barque apostolique. A Salamis, Paul, selon sa coutume, se rendit dans la synagogue pour y annoncer l'Évangile. Comment fut-il accueilli? Le livre des Actes ne nous le dit pas. Mais de là il partit, longeant la côte de l'Est, sur cette terre célèbre par sa fertilité, sa richesse, son ciel très doux, son climat délicieux; tantôt il s'avançait par les bosquets d'oliviers et les buissons de myrte, tantôt il trouvait sur sa route des villes florissantes, tout imprégnées de luxe et des voluptés païennes : Cithium, Amathonte et enfin Paphos. L'île entière était consacrée à Vénus, c'est dire tout ce qu'avaient d'impur les cérémonies du culte; à Paphos même, s'élevait un temple splendide consacré à cette déesse. Où trouver une contrée qui avait plus besoin que celle-là d'entendre parler du Dieu trois fois saint? Paul tombait en plein bourbier païen, pour y jeter la plus pure semence, et, comme résultat de ses efforts, il eut la joie d'amener à la connaissance de la vérité le proconsul romain Serge Paul, gouverneur de l'île (Actes XIII, 1-12).

Par le temps qui court, ne serait-ce pas un grand bien si nos consuls et proconsuls, nos députés et nos ministres, au lieu de s'en tenir aux superstitions des Barjésus modernes, de se livrer aux magiciens et aux magiciennes du siècle, d'adorer Mars et Vénus, voulaient, comme le proconsul de Paphos, *entendre la Parole de Dieu* et *être remplis d'adoration pour le Seigneur!* Nous ne verrions pas remonter sur notre horizon les ténèbres et les haines dignes du moyen âge.

M. l'abbé du « Sénégal » s'est contenté du service liturgique à voix basse et d'une partie musicale qui aurait été en meilleure place ailleurs. Comment son cœur de chrétien ne lui a-t-il pas soufflé que l'occasion était bonne pour dire là des paroles qui resteraient gravées dans les âmes? J'ai été déçu.

Avec l'assentiment de l'aimable commandant du « Sénégal », il avait été décidé que le culte réformé serait célébré après la messe. Un coup de cloche donne le signal et, dans cette même chapelle aux tentures multicolores, nous procédons à la célébration de notre culte si simple à la fois et si grave.

M. le pasteur L. lit une portion du Psaume 104 et les béatitudes du Christ, puis je présente quelques réflexions religieuses sur ces belles paroles que l'auteur de l'épître aux Hébreux applique au patriarche Abraham : « *Il partit, ne sachant où il allait* ». Je dois dire que j'ai eu à peu près le même auditoire que mon prédécesseur. Quelques catholiques renforcés se sont abstenus, mais ils ont été remplacés par d'autres ; la plus grande attention de tous m'a soutenu pendant que je parlais, et dans plus d'un regard j'ai senti briller la sympathie ou vu poindre une larme d'émotion. J'ai prié pour tous les passagers, pour les êtres laissés sur la terre aimée, et demandé à Dieu de nous ramener tous au foyer domestique. Quelques catholiques sont venus me serrer la main et me remercier ; il m'a semblé qu'ils éprouvaient le besoin d'autre chose que d'un culte liturgique. Ma joie a été grande !

Je n'oublierai jamais que, malgré ma petitesse, j'ai eu le grand honneur de parler de Dieu et de son Envoyé en face de Salamis, tout près de ces rivages où, il y a dix-huit siècles et demi, l'apôtre Paul débarquait plein d'ardeur pour l'Évangile et plein d'amour pour les âmes qui mouraient dans le paganisme.

Mais voici Famagouste. Comme à Rhodes, le « Sénégal » reste en rade, et ce sont des barques indigènes pleines de couleur locale qui viennent nous prendre ; mais ce qui est local aussi, c'est ce feu du soleil de midi qui nous donne une idée de ce que doit être la crémation, quand on n'est pas tout à fait mort. Je revêts le costume susmentionné, au risque de choquer les officiers anglais qui nous attendent sur le quai. Mais les Anglais ne sont-ils pas des virtuoses dans l'art de se mettre à l'aise, surtout en voyage ?

Nous descendons dans des yoles de toutes dimensions, reçus par les bras de moricauds qui se disputent nos augustes personnes. On tombe là-dedans comme on peut, sinon comme on doit. Il n'est pas rare d'enfoncer quelque chose de mou qui doit être un chapeau, une ombrelle ou quelque chose de plus personnel.

Nous entrons dans un petit port garni de voiles blanches et mettons pied à terre sur un vrai quai. Faisant face à ce quai et séparée de lui par la largeur d'une route ordinaire, se dresse une grande muraille crénelée, reste des anciennes fortifications. Dans l'ombre projetée qui trace une bordure de dentelle presque jusqu'au flot, s'agite le *tout* Famagouste, un bariolage de couleurs, un assemblage de vêtements empruntés aux quatre coins de la Méditerranée. Un joli cheval gris pommelé, avec harnachement d'ordonnance, est tenu par un groom noiraud; c'est celui d'un officier anglais qui vient au-devant de nous pour nous faire les honneurs des ruines de Famagouste. Il n'y a pas de temps à

Famagouste.
(D'après une photographie de M. Jules Calas.)

perdre, et je m'arrache à l'ombre bienfaisante des remparts vénitiens, pour me lancer en plein soleil avec toute la bande. Nous arrivons sur une espèce de lande où croissent quelques palmiers, puis pénétrons dans les vastes salles gothiques du bastion qui défendait le port; elles sont passablement en désordre et ne mériteraient pas une visite, si la tradition n'en faisait la demeure d'Othello; c'est donc là que se serait passé le drame immortalisé par Shakespeare ! Ces voûtes auraient entendu les fureurs du Maure de Venise :

> That handkerchief which I so loved and gave thee
> Thou gavest to Cassio.
> — No, by my life and soul !
>
> (Ce mouchoir que j'aimais tant et que je t'avais donné, tu l'as donné à Cassio. — Non, sur ma vie et mon âme).
>
> Othello, Acte V, Scène II.

La ville autrefois célèbre et florissante de Famagouste n'existe plus, et ses murailles ne renferment guère que de grands espaces vides où croissent des herbes sauvages, et des églises en ruine, autour desquelles veillent en sentinelles désolées quelques palmiers. Nous parcourons ce désert morne, conduits par deux officiers. La chaleur est si intense que leur veston d'uniforme en toile couleur chocolat est tout mouillé de sueur; l'un d'eux enfourche son cheval pour traverser ce Sahara en miniature, pendant que nous trottons à côté de lui, et au bout d'un moment il nous lâche pour tout de bon. Ils sont là, sur cette terre lointaine, représentant le gouvernement de la Reine, entourés d'un petit nombre de soldats, qui forment les cadres d'une milice indigène de quelques centaines d'hommes. Cela suffit pour garder un territoire de 9500 kilomètres carrés et une population de 135,000 habitants. A l'époque des Lusignan, qui régnèrent sur l'île deux siècles et demi, elle posséda cinq ou six cent mille âmes, et dans l'antiquité peut-être deux millions. Venise la garda un siècle à partir de 1473, et en 1571 elle tomba au pouvoir des Musulmans, qui l'occupèrent jusqu'en 1878, sans lui apporter aucune prospérité ; depuis, elle appartient aux Anglais, qui la gèrent en payant un loyer annuel au sultan. Elle ne peut que gagner à ce changement de maître. Avec Gibraltar, Malte et Chypre, les Anglais font la haie sur le passage de leurs navires, qui se rendent aux Indes par le canal de Suez.

Nous soufflons un moment sur la grande place de Famagouste, bornée d'un côté par la magnifique façade de la cathédrale Saint-Nicolas, de l'autre, par l'entrée du Palais royal, sur un troisième par de misérables boutiques; quant au quatrième, il donne sur le vide où darde le soleil, sur l'espèce de Soudan que nous venons de traverser. J'en profite pour faire quelques emplettes à des marchands indigènes. Je vois une jolie étoffe écrue qu'on me dit être de fabrication cypriote. Je pense à une blouse pour ma femme; l'embarrassant est de savoir quelle longueur il me faut. Je consulte une de nos dames pour le métrage; sur ses conseils je fais mon acquisition.

Dialogue à l'arrivée : *Moi*. Tiens, ma chère amie, je t'apporte un souvenir de l'île de Chypre. — *Elle*. Que tu es bon d'avoir pensé à moi. — *Moi*. C'est un corsage qui sera délicieux, et puis en le voyant sur toi, ce sera toute une évocation de là-bas. — *Elle*. Voyons cela... Mais l'étoffe est bien étroite, tu aurais dû la prendre plus longue. — *Moi*. C'est impossible, j'ai pris ce qu'on m'a dit. — *Elle*. Hélas ! il n'y a pas de quoi faire les manches. — Et nous attendons, depuis, le moment où la mode sera de s'en passer ; ce qui ne peut tarder, grâce à cette tendance qu'ont les dames de tomber d'un extrême dans l'autre... en fait de toilette.

Je venais de conclure ce glorieux marché, quand un natif se précipite sur moi en criant : *Antica* ; il m'offre des pièces de monnaie et des poteries qui ont, en effet, quelque apparence d'antiquité. Naturellement, je ne mettrais pas ma main au feu pour leur authenticité. Cependant, je me laisse gagner par un petit vase en forme de gourde qui ressemble comme deux gouttes d'eau à une gravure reproduite dans l'*Histoire de l'art* et qui représente un des vases trouvés par M. de Cesnola. Comme il ne m'a pas coûté les yeux de la tête, je ne m'arracherai pas les cheveux s'il est faux. En tout cas, il vient de Chypre, et les soins dont je l'ai entouré me l'ont rendu bien cher.

Après cet intermède, voilà qu'il faut encore reprendre les courses folles dans cette poussière historique. Pour me remettre en haleine, je grimpe dans le minaret qui flanque la façade de la cathédrale Saint-Nicolas. Comme il jure, le malheureux ! à côté de ces arcs d'ogive, de ces rosaces flamboyantes, de ces trois porches aux moulures superbes. On voit bien qu'il n'est qu'un intrus, et si je lui fais les honneurs de ma visite, c'est parce que là-haut j'espère avoir une vue d'ensemble sur la contrée et sur la mer. Après une ascension assez pénible, j'arrive au balcon, où la voix du muezzin se fait entendre pour la prière. Je domine les ruines d'une dizaine d'églises à ciel ouvert, où le grand soleil prend sa revanche par les voûtes effondrées et les baies sans vitraux.

Le palais des Lusignan n'est plus qu'une cour dallée où croît un peu de verdure, au milieu de boulets de pierre condamnés à contempler éternellement leur ouvrage ; quelques palmiers, piqués çà et là, font l'effet de grands cierges menant le deuil sur la nécropole. Nous avons visité en détail quelques-unes de ces églises ; on y pénètre par des porches béants ou par les éboulis des pans de murailles abattues ; sur les portions restées debout, on distingue encore fresques et mosaïques. La cathédrale Saint-Nicolas est la mieux conservée de

Famagouste. — Cathédrale Saint-Nicolas.
(D'après une photog. de M. L. Goldsmith.)

toutes, elle a gardé sa toiture sur la grande nef, qui est devenue une mosquée. Nous y entrons comme chez nous, sans être obligés de nous déchausser. Au contact des Anglais, l'islamisme a perdu un

Famagouste. — Église en ruines.
(D'après une photographie de M. Jules Calas.)

peu de ses exigences; c'est comme le catholicisme aux États-Unis. Allons, un peu d'air libre dans les vieux édifices, un peu du soleil de Dieu dans ces voûtes enténébrées, ce n'est pas un huguenot qui s'en plaindra, n'en déplaise à M. Brunetière !

Sous la domination des Turcs, les chrétiens ne pouvaient pas même approcher des remparts de Famagouste sans être obligés de se faire musulmans ; aussi la population grecque se fixa dans le village moderne de Varocha, situé le long de la côte, au sud. Je m'y rends par une route qui ressemble à un fossé rempli de poussière. A droite, sur des hauteurs crayeuses d'où l'on a une vue magnifique sur la mer, sont les deux ou trois villas habitées par les officiers anglais ; à les voir coquettes et proprettes, on devine qu'il fait bon y vivre, au milieu du confort dont cette race ne peut se passer. C'est l'heure du *five o'clock*; je suis sûr qu'aucune de ces familles n'y manque. Moi, j'avale de la poussière.

Avant d'atteindre Varocha, je rencontre une caravane de chameaux qui patauge à sec comme moi, et voilà que je suis pris d'une envie folle d'entrer en possession d'une clochette de forme gracieuse qui se balance au cou de l'un d'eux. J'arrête le convoi et, après une mimique endiablée, j'emporte mon trésor.

Quand, d'aventure, j'entends son tintement grêle et sauvage, je songe à l'étrangeté de sa destinée, et je regrette pour elle les échos de la plaine « *Bienheureuse* », la Makaria des anciens.

Dans l'antiquité, l'île de Chypre vit fleurir l'art

du potier ; ses tombeaux renferment un grand nombre de figurines en terre cuite de la forme la plus bizarre ; à côté de vases d'un galbe très pur, on rencontre des cocasseries à défier toute imagination, des vases qui ont une tête et une bouche, d'autres qui ressemblent vaguement à un animal dont la queue sert de goulot ; ailleurs, c'est un bec d'oiseau accouplé à une tête de taureau qui fait les gros yeux, ou un rhinocéros fantastique. Aujourd'hui encore, Chypre expédie des poteries sur toute la côte de Syrie et d'Asie-Mineure, et le goût des artistes modernes semble encore se complaire dans les extravagances, si j'en juge par les produits étalés dans un magasin où j'ai la curiosité d'entrer. Voilà, par exemple, un vase en terre grossière qui représente une bonne femme dont les bras s'arrondissent en forme d'anses ; la main droite se relève le long du col pour venir esquisser un pied de nez ou le salut militaire, tandis que la main gauche s'appuie sur la panse, comme pour indiquer que la digestion ne se fait pas ; sur les épaules sont plantés des embryons d'oreilles de lapin. C'est d'un comique achevé. Je rencontre un touriste du « Sénégal » qui emporte la paire dans ses bras. Moi, je me contente d'un serpent enroulé sur lui-même, en souvenir de l'île qui fut appelée *Ophiusis,* et où ces animaux sont encore très nombreux ; ils comptent parmi leurs ancêtres l'aspic de Cléopâtre; avec le mien je ne cours aucun risque; pour plus de sûreté je relègue le serpent dans une poche et la sonnette dans l'autre.

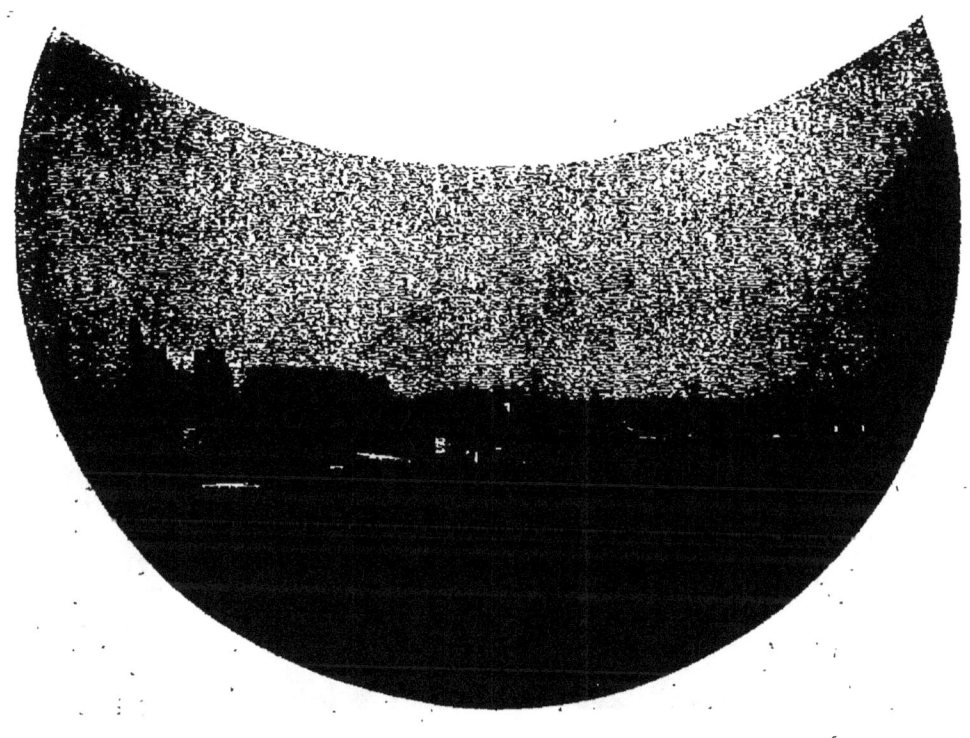

Famagouste.
(D'après une photographie de M. Jules Calas.)

Ce village de Varocha n'a pas grand caractère, il est aussi peu oriental que possible. J'entre dans une sorte de *bar* qui a pour enseigne une éponge, et je ne me rends pas bien compte si elle est là pour la vente ou pour adresser un ironique appel à la clientèle. Ce qui est sûr, c'est que la récolte des éponges est une des ressources de l'île. Dans l'état de transpiration où je suis, j'aurais mauvaise grâce à me formaliser, et je me remets à flot avec un verre de *pale ale*, avant de regagner Famagouste.

Paysage de Famagouste.
(D'après une photographie de M. Ernest Diehl.)

Le soleil s'est incliné peu à peu vers la plaine de *Mesorea*, et quand je passe le long des églises délabrées, il n'y a plus que quelques minutes de jour. La plupart des touristes sont à bord; nous restons un tout petit nombre, nous isolant les uns des autres, pour nous saturer l'âme de ce silence solennel et de cette soirée enchanteresse. Le ciel est grand ouvert comme un livre qui raconte la gloire de Dieu, la page est ponctuée d'étoiles, et tout au bas, les palmiers empanachés, les murs éventrés, les ogives béantes, les lignes capricieuses des monuments à demi détruits, tracent leurs arabesques de missel. Quelques femmes voilées glissent comme des ombres, pendant que les chameaux, parqués à l'air libre, boivent de leurs longues lèvres la rosée du soir. Ah! que ne donnerais-je pas pour passer la nuit dans la contemplation de ce spectacle incomparable, assis près du grand lion de pierre qui monte la garde devant la porte des remparts! Mais non, il faut encore jeter là un adieu qui est un éternel adieu. Sous la porte massive que je franchis, un cheval est entravé pour la nuit; c'est son écurie, il couchera sur la terre dure, et peut-être son maître s'allongera à ses côtés. Comme le climat d'Orient simplifie la vie!

Nous nous trouvons deux ou trois retardataires sur le quai d'embarquement; pour un peu, le « Sénégal » partirait sans nous, et nous payerions de bien des ennuis notre excès d'amour pour la belle Famagouste endormie.

CHAPITRE V

Beyrouth. — Le tuyau, c'est l'homme. — Mon aventure. — La petite Zurichoise. — A travers le Liban et l'Anti-Liban. — A Damas, chez Dimitri. — Le soleil d'Orient. — Un peu d'histoire. — L'oasis. — Délicieux vagabondage. — Les navires du désert. — Dans les ruelles. — Quelles couleurs ! — Les cris de la rue. — A la mosquée incendiée. — La *rue Droite*. — Le faubourg de Meidan. — Une course fantastique.

20 septembre.

Une nuit de navigation nous amène, au jour naissant, sur les côtes de Syrie en vue de Beyrouth, ville de plus de 100,000 habitants, où se coudoient les deux civilisations : celle de l'Orient et celle de l'Occident. Que dis-je, l'Occident l'emporte déjà, tant elle est banale, la reine du commerce syrien. Elle passe sous le rouleau, qui semble avoir nivelé les minarets eux-mêmes ; et si le ciel d'Orient ne lui rendait l'éminent service de transformer sa parure moderne et de lui tailler une robe de gala, elle ne dépasserait pas ses sœurs européennes. Ce qui attire mes regards, c'est cette montagne qui la couvre de son ombre matinale et par delà laquelle on sent un ciel profond et un soleil qui vient de

Port de Beyrouth.
(D'après une photographie de M. Ernest Diehl.)

loin. Cette montagne, c'est le Liban, dont le nom est si familier aux lecteurs de la Bible. Je la vois resplendir devant mes yeux, cette gloire du Liban dont parle le prophète Ésaïe; je les entends, ces paroles de l'Éternel : « Je serai comme la rosée « pour Israël, il fleurira comme les lis, et il poussera

« des racines comme le Liban », et je redis en mon âme ravie, comme Moïse : « Que je voie cette bonne montagne et le Liban ! »

Je vais à terre pour voir la ville. Tout un quartier est resté passablement oriental, pour le pittoresque et la malpropreté ; mais ailleurs, ce sont de grandes rues avec magasins européens où je ne vois guère qu'articles défraîchis et démodés. Ce qui est plus amusant, c'est le défilé de chameaux qui encombre les rues, et les graves Osmanlis qui trottent sur leurs ânes, en choisissant pour siège de leur grassouillette personne la partie de l'animal qui avoisine la queue. Un Oriental sur son âne a toujours une vague ressemblance avec une locomotive qui marche à reculons : le tuyau, c'est l'homme.

Comme j'errais par les rues qui touchent au port, j'eus une aventure qu'il faut que je vous narre. Je m'en allais tout doucement vers le « Sénégal » et, l'avouerai-je ? je me sentais bien seul au milieu de cette population musulmane ; je soupirais après un visage sympathique. J'arrive près de deux chameaux attachés devant une porte. — Je m'arrête, — non pas que j'aie trouvé la sympathie dont j'ai besoin, mais pour considérer à mon aise cet animal étrange et suggestif, tout imprégné de la grande poésie du désert. Que celui d'entre vous que l'animal n'a jamais reposé de l'homme me jette la première pierre! Tout à coup je m'entends interpeller dans un français baroque : Moussu, Moussu. — Je lève les yeux, et enfin la voilà, la figure sympathique, sur la personne d'un grand diable de Levantin qui s'empresse autour de moi, me dit combien il est heureux de serrer la main d'un *Fransâoui* et m'invite à me rafraîchir. — Je lâche mes chameaux, — et me voilà installé dans son petit magasin, au milieu d'articles d'épicerie européenne mangés par les mouches, en face d'un abominable liquide qui ne rappelle en rien la Bavière. Je bois cependant, par cette chaleur de Sénégal. Lui ne boit pas, je m'en inquiète. Il me déclare qu'il n'aime pas la bière, mais que pour me tenir compagnie il prendra de la limonade. Nous choquons nos verres à la *Fransa*. Je me sens tout ému de trouver pareil accueil à 3000 kilomètres de la patrie. Je me confonds en remercîments et me dispose à partir. — Moussu, c'est deux francs ; 1 fr. 50 pour la bière et 50 centimes pour la limonade. — A ce moment-là je n'ai pas vu ma tête, mais je suis sûr que vous la voyez d'ici. Allez dire que les Levantins n'ont pas la bosse du commerce! Mais voilà que mon homme m'invite maintenant à monter au premier étage, où il veut me présenter sa femme et sa fille. Je me récuse vivement, d'autant que, s'il faut payer là encore, je ne sais à

CHAPITRE V

quel moment je pourrai arrêter les frais, et au prix où est la bière que j'ai bue et la limonade... qu'il a bue, il peut m'en coûter cher. Mais il insiste si fort que je me laisse entraîner, et puis l'âme d'un touriste est toujours en quête d'inédit. Nous voilà grimpant dans un escalier de pierre qui tient de la casemate; une porte s'ouvre avec mystère, et je commence à trouver que mon aventure tourne au tragique; involontairement je songe aux massacres d'Arménie... Je franchis la poterne... et pénètre dans une vaste chambre donnant de plain pied sur une terrasse, d'où on a une vue splendide sur la mer. Je touche la main à Madame, je présente mes hommages à Mademoiselle... mais je voudrais bien m'en aller! Je sors enfin sain et sauf, emportant comme souvenir une branche de jasmin, cueillie pour moi sur la terrasse en fleurs.

Quelques instants après j'étais sur le « Sénégal », qui est comme un morceau de France qui nous suit partout et qui, ce jour-là, me parut plus hospitalier que jamais.

Vers une heure, nous étions en gare de Beyrouth. Notre train spécial est tout formé sur la voie, et cette chose, si banale ailleurs, devient ici une curiosité. Mais voyons! cette petite locomotive trapue, il me semble que je connais ça... Je m'approche et je lis: Winterthur, marque de son origine suisse.

Oh ! le joli trajet qu'elle nous a fait faire, la bonne petite Zurichoise. Tout d'abord elle nous entraîne dans des bosquets de citronniers dont les branches

Premiers contreforts du Liban sur la route de Beyrouth à Damas.
(D'après une photographie de M. d'Allemagne.)

nous saluent au passage, puis elle attaque vigoureusement la rampe du Liban, pendant qu'à nos pieds la plaine côtière s'abaisse et que la croupe de la mer se rehausse, comme par un jeu de bascule, et puis ce sont des lacets sur le dos de rochers superbes ; la vaillante s'essouffle à se cramponner à ses rails polis, et pendant que nous suons à grosses gouttes dans nos wagons qui se traînent comme des lézards, la pauvrette en fait autant et s'arrête à toutes les stations pour renouveler l'eau de sa chaudière. Quelle lumière, quel rayonnement intense de cette mer qui s'étend, comme un abîme, jusqu'au sommet de la montagne et par delà jusqu'à l'autre abîme renversé, le ciel.

A 1500 mètres d'altitude, un grand courant d'air frais traverse d'une portière à l'autre ; c'est le col où commence une furieuse descente vers la plaine de Cœlésyrie, à travers tout un chaos de pierres. Comme on est heureux que la voie et le matériel ne soient pas entre les mains de ces orientaux qui ne réparent rien, ne consolident rien, et laissent tout aller au petit bonheur ! Mais notre machine a une roue dentée qui défie tous les râteliers, même les américains.

A Mallaka, notre bande affamée se jette sur le repas qui lui a été préparé ; nous oublions un instant la lumière d'or, qui le cède au *vin d'or* du Liban.

Avant d'arriver à Damas, il nous reste à franchir une autre barrière de montagnes, l'Anti-Liban. La nuit nous prend dans ces défilés, au milieu de rochers sauvages ; là-haut se déroule tranquillement un ruban d'étoiles. Dans le grand silence, notre train jette son tintamarre d'acier, et l'on se prend à regretter de n'être pas sur le seuil de sa tente, dans la paix et le recueillement, à voir passer toute la majesté de cette nuit d'Orient. L'air fraîchit ; nous côtoyons le fleuve qui coule à Damas, et dans les ténèbres glissent comme des fantômes les grands arbres de l'oasis.

Au lieu de débarquer à la gare Terminus qui se trouve bien loin dans le S. O., nous descendons à une station plus rapprochée du quartier où se trouvent les grands hôtels à l'européenne. Tout un cortège de voitures nous emmène, le long du Barada, vers les vastes bâtiments de l'hôtel Dimitri, où nous trouvons bon souper et bon gîte.

Sur notre gauche, les cafés arabes brillent dans le feuillage. On entend les sons d'une musique étrange; l'eau court à ras du sol en faisant trembler les reflets des illuminations. C'est de la gaîté orientale qui ne va pas sans une indéfinissable mélancolie et qui est loin d'être communicative.

Notre hôtel se compose de quatre corps de logis disposés en étages autour d'une cour centrale, où l'eau murmure dans un bassin, au milieu des orangers. Dans nos chambres, nous trouvons des lits à la française ; à quelques tentures bariolées nous sentons pourtant que nous sommes à Damas. Dans quelques années, quand le chemin de fer aura, deux fois par jour, déchargé les horribles produits de notre industrie, je me demande s'il restera dans la ville des sultans pour deux sous de pittoresque. Quand la civilisation, refaisant en sens inverse la route déjà parcourue, aura uniformément enlaidi tout ce qui brillait jadis d'un éclat original, nos arrière-neveux n'auront qu'à rester chez eux.

21 septembre.

Le lendemain, de grand matin, j'ouvre ma fenêtre qui donne sur l'Orient ; le ciel est d'une profondeur incomparable ; le soleil arrive à grands pas du fin fond du désert et déjà, quoiqu'invisible, remplit l'espace. Sur ces lueurs d'incendie s'enlève la forme gracile des minarets et se découpent les dômes des mosquées. De la hauteur d'un second étage, je domine les terrasses sur lesquelles circulent les habitants du voisinage, dans une très fine poussière d'or. On sent la ville immense qui se réveille lentement, doucement, sans cette fièvre du travail qui recommence. Tout à coup le soleil, comme une marée de fer rouge, vient rouler sur l'escalier de toits plats qui s'étendent sous mes yeux ; un flot de lumière se heurte aux minarets, qu'il éclabousse d'une écume éblouissante ; un nouveau jour commence dans cette gloire qui est l'éternel privilège des contrées orientales. — Tel fut le magnifique exorde de tout ce que la reine d'Orient avait à nous dire...

Damas. — Les Terrasses.
(D'après une photographie de M. Jules Calas.)

Bien préparés par cette vision du début, mes yeux n'ont plus qu'à s'ouvrir sur le spectacle des hommes et des choses.

Si j'étais un bédouin littéraire, le moment serait venu de piller la caravane d'auteurs qui ont écrit sur Damas, et de vous apporter le fruit de mes rapines, sous la forme de renseignements de toute sorte; je préfère vous laisser ce soin et ce plaisir, d'autant plus que chacun pourra mettre la main sur

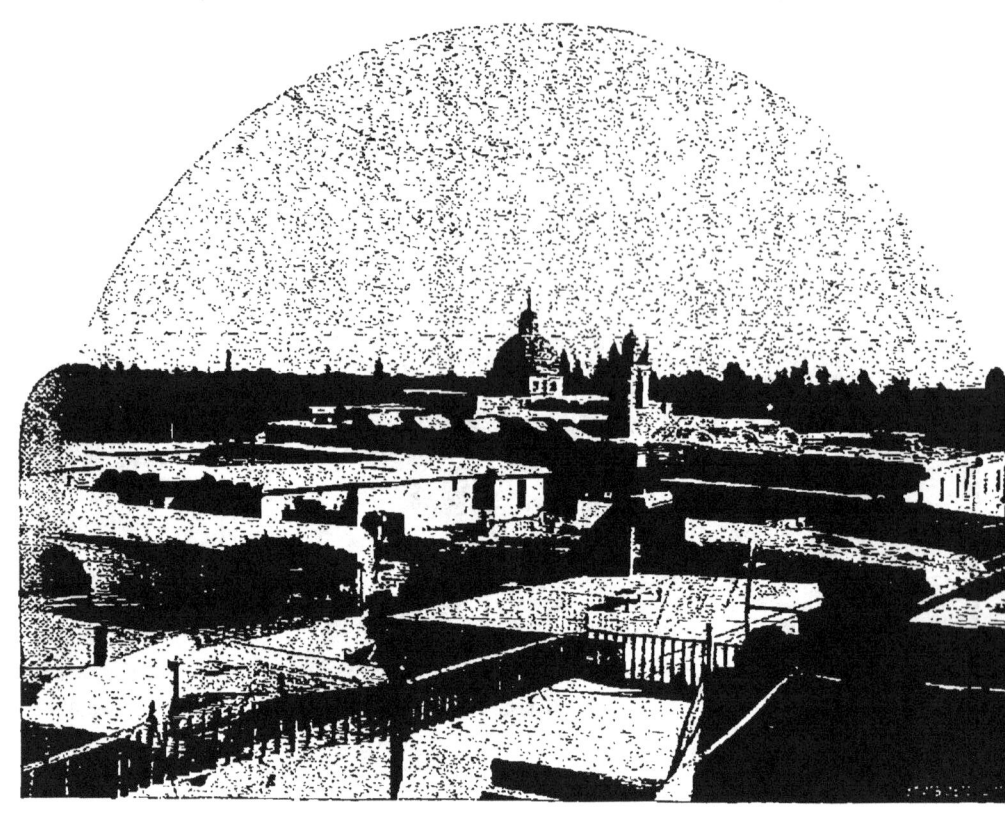

Damas. — Terrasses des Maisons turques.
(D'après une photographie de M. Jules Calas.)

le butin de son choix. Cependant, comment ne pas rappeler que Damas se vante de la plus haute antiquité? Il est fait mention d'elle dans la Genèse, au moment où Abraham bat les troupes du roi Kedor Lahomer, qui emmenait prisonnier son neveu Lot.

Sous le roi Salomon, Damas devint le centre d'un petit royaume autonome; la dynastie qu'y fonda Rézou le Syrien fut pendant des siècles l'ennemie

Damas. — Terrasses et jardins.
(D'après une photographie de M. Jules Calas.)

des Israélites. Les discordes entre Juda et Israël permirent aux rois de Syrie de bien asseoir leur autorité, mais elle disparut sous les coups des Assyriens, que le roi Achaz avait appelés à son secours. Tour à tour, Damas fut soumise aux Chaldéens, aux

Perses, aux Grecs d'Alexandre; enfin, en 64 avant J.-C., elle devint cité romaine. Au VIIe siècle elle passe sous la domination arabe et devient la résidence des princes de la dynastie des Ommiades, qui en firent une ville de commerce et de luxe et la couvrirent de palais et de mosquées. Elle fut prise par les Seldjoucides, mais les Croisés ne firent que l'effleurer et n'y entrèrent jamais. Mongols et Tartares lui firent ensuite passer de mauvais quarts d'heure. Enfin, en 1516, Damas devenait turque et l'est restée depuis; l'expédition française ayant fait la faute, en 1860, de ne pas entrer dans la ville pour venger le massacre de 6000 chrétiens. Combien de temps encore appartiendra-t-elle à la Porte? Jusqu'à la mort de *l'homme malade*, qui marquera le partage de la succession. Mais cela peut durer..., car ledit malade vient d'être joliment retapé par les six médecins de nationalité différente, qui se sont entendus pour lui administrer une Revalescière merveilleuse.

Damas est plus florissante que jamais. Trop bien située pour servir d'entrepôt aux riches caravanes qui arrivent de l'Est et retenir sous ses ombrages les enfants du désert, elle ne devait pas périr dans ses innombrables aventures. Le rapport du consul d'Angleterre du 6 juin 1895 assure que le chiffre officiel de la population, fixé à 160,000 âmes, est bien au-dessous de la réalité ; il estime qu'il ne saurait être inférieur à 215,000. Pour expliquer cette différence, le consul prétend que les diverses communautés cachent le nombre réel de leurs membres, pour échapper à l'impôt. Heureux pays où on peut se laisser ignorer du percepteur !

Mais j'ai hâte de vagabonder par les rues, sans autre guide que le hasard, et je m'en vais seul, pour éviter les tiraillements pénibles entre gens qui n'ont pas les mêmes goûts. Je m'arrêterai où bon me semblera.

En sortant de l'hôtel, on franchit le Barada par un pont moderne, très bas sur jambes. L'eau, peu profonde et claire, s'enfuit vers l'Est, laissant sur la droite la plus grande partie de la ville, et va se perdre, à 25 kilomètres, dans les lacs des Prairies, qui touchent au grand désert de Syrie. Ce fleuve, le fleuve d'or des Grecs, descend des gorges de l'Anti-Liban, par une vallée qui s'élargit sans cesse, jusqu'au moment où elle s'épanouit dans la plaine. Tout là-haut, dans la montagne, commence la bordure verte qui accompagne son cours ; d'abord, une rangée d'arbres de chaque côté, entre l'eau et le rocher, puis dix, puis vingt, puis toute une oasis qui s'étend sur plusieurs lieues à la ronde.

Si l'oasis est fille du Barada, qui se saigne pour elle aux quatre membres, Damas est à son tour fille de l'oasis, et fille choyée, allaitée et ornée s'il en fût. Devant ces eaux, sans lesquelles il n'y aurait là ni belle cité, ni verdure, je pense à cet orgueilleux Naaman qui avait tout ce qu'il faut pour être heu-

Damas. — Le long du Barada.
(D'après une photographie de M. Jules Calas.)

reux, mais qui était lépreux. Un jour, sur le conseil d'une petite juive, il s'en va trouver le prophète Élisée pour être guéri. L'homme de Dieu lui rédige sur l'heure une étrange ordonnance: *Va et te lave sept fois dans le Jourdain*, ce misérable petit fleuve qui n'a jamais réfléchi de ville célèbre dans ses eaux. Le malade récalcitrant ne trouve pas la cure à son goût et s'écrie: Abana et Parpar, fleuves de Damas, ne sont-ils pas meilleurs que toutes les eaux d'Israël? ne m'y laverais-je pas? Cet Abana est, selon toute vraisemblance, le Barada qui coule sous nos yeux, tandis que le Parpar serait le Nahr el Aoudj, qui passe plus au Sud. Et l'on comprend, en effet, que le général syrien fut fier des eaux de son pays. Ainsi s'illustrent à chaque pas les récits de nos Saints Livres.

En longeant le Barada, on arrive sur une place d'aspect moderne, et bientôt on tombe en pleine vie orientale, aux abords du bazar. Oh! la très étrange matinée passée là, au milieu du va-et-vient incessant des hommes et des bêtes, et dans ces rues étroites où sont étalées toutes les curiosités de la fabrication indigène! Devant moi s'étend une rue qui se dirige vers le Sud et qui n'est autre que la continuation, à travers la ville, de la route de La Mecque; je m'y engage en une délicieuse flânerie, au milieu d'une foule très animée, où se coudoient tous les types au visage brûlé par le soleil, où se heurtent toutes les couleurs de peaux et d'habits, où s'entrechoquent tous les bruits qui tintent et cliquettent. C'est un entremêlement de corps bronzés, de voiles flottants, de hautes têtes qui se balancent, de manteaux au vent, de jambes ballantes, de grandes oreilles trottinantes et de culottes bouffantes, à vous ahurir le cerveau; pas deux costumes

Damas. — Le palais du gouverneur.
(D'après une photographie de M. Jules Calas.)

qui se ressemblent; chacun suit son caprice ou son goût, et c'est une collision de couleurs à vous broyer la rétine. Heureusement que le maître soleil est là pour étendre tous ces pâtés de rouge, de jaune, de vert pâle, de bleu et de violet, pour adoucir ces couleurs criardes, et délicieusement les faner, et quand il a passé sa large brosse, je vous donne ma parole que la toile est exquise !

A Beyrouth, vous vous en souvenez, j'avais été arraché à la contemplation de mes chameaux, pour le fameux verre de bière que j'ai encore sur le cœur. Ici je prends ma revanche, bien décidé à ne rien accepter du tout, fût-ce de voir toutes les mères de famille du pays et leurs filles : c'est du fanatisme, direz-vous ? Mais ne sommes-nous pas en plein Islam ? Ah ! pour cette fois je les tiens, ces navires du désert. Il y en a toute une flotte, depuis le grand paquebot tout alourdi de marchandises, jusqu'à la légère caravelle qui glisse sur les flots, ou pour parler sans figure, il en passe, des chameaux de tout âge et de toute dimension. Bien au-dessus de la foule, qui imite la vague, se dressent ces longs cous comme des mâts de beaupré, avec ces grands dos qui roulent et qui tanguent. Généralement, ils sont cinq ou six reliés ensemble par un bout de filin ; en tête, un petit âne qui fait l'office de remorqueur, avec le conducteur de la caravane grimpé dessus, comme pilote. Le long de ces robustes flancs, ce sont des ballots gigantesques, arrimés tant bien que mal, qui viennent d'être balancés, pendant des heures et des heures, le long des routes indécises du désert, dans un continuel sillage de poussière ;

de chaque côté d'un front d'une largeur démesurée, leurs deux grands yeux résignés ont une vague ressemblance avec les feux de bâbord et de tribord... Mais non, le chameau n'est pas un navire, une chose morte, c'est un être qui porte en lui-même la force qui commande ses mouvements, la sagesse qui les coordonne et les adapte au but, l'instinct qui lui fait prendre les précautions nécessaires pour les grands trajets; par ses longues et lentes enjambées il évite le contact trop souvent répété avec le sol brûlant; de son pied charnu il résiste à la souplesse du sable; de ses yeux placés comme au haut d'une tour il surveille l'horizon; de ses longues lèvres il peut saisir au passage les maigres plantes qui bordent le chemin; ajoutez à cela une complaisance à toute épreuve, une sobriété légendaire, une force suranimale, et dites-moi si j'ai tort de le saluer au passage. Jésus-Christ a songé à lui dans une image célèbre destinée à nous mettre en garde contre le danger des richesses.

Je m'enfonce dans les ruelles du Bazar. Chez nous, un bazar c'est un entassement d'articles de pacotille à prix fixe qui se soucient de l'art comme de l'an quarante, à moins que ce ne soit une occasion de s'occuper de charité, tout en faisant admirer une toilette exquise. En Orient, un bazar ce n'est pas cela du tout; c'est le quartier commerçant, un lacis de ruelles étroites et sombres où l'on trouve un magasin à chaque porte ; un lieu de passe-temps où l'on vient, en flânant, faire les approvisionnements de tout genre ; tout ce qui sort de la main de l'ouvrier indigène passe là. Que dis-je ? c'est là qu'on voit à l'œuvre l'industrie du pays, car la boutique est à la fois l'atelier. Chaque corps de métier a sa rue ou son bout de rue. La comparaison est possible ; en un coup d'œil vous avez toute la série des objets de la même famille. Si vous désirez une bride, en cinq minutes vous les voyez toutes ; il ne reste plus que l'embarras du choix, c'en est un, mais le moins désagréable de tous. C'est ainsi qu'on traverse le bazar des orfèvres, celui des tourneurs, celui des fripiers, celui des selliers, celui des cordonniers, et ce sont des montagnes de marchandises, des entassements de choses, les unes sur les autres, à ne pas loger une épingle.

Assis à la turque au milieu de ses trésors, le marchand fume rêveusement son narghilé, et il est rare qu'il vous offre la vente. C'est qu'elles se chargent fort bien de faire l'article, toutes ces choses d'Orient, et d'attirer l'œil, toutes ces belles couleurs ! Ne dirait-on pas que le soleil, en se levant, est venu se heurter aux murs de Damas, et qu'il s'est brisé en mille morceaux pour retomber en éclats dans les boutiques du bazar, tant elles flamboient ? Soies de toutes nuances, ceintures multicolores, écharpes en fils d'araignée où tremblotte une rosée d'or, poignards constellés de corail et de turquoises, babouches jaune safran et rouge vif, selles et brides pomponnées, filigranes, rubis, perles et diamants, rien de terne ou de triste, pas de ces teintes fatiguées ou indécises qu'un goût maladif recherche dans les fins de siècle ; partout la couleur vigoureuse, sauvage, qui circule hardiment sous l'épiderme et dans les tissus, qui s'affiche effrontément et se plante carrément devant vous. Après deux ou trois heures de ces provocations, on est disposé à toutes les folies. Je m'accuse de quelques-unes, qui ont transformé mon cabinet de travail en pseudo-bazar, et je ne puis dire que je les regrette, bien que ma bonne les traite de nids à poussière.

Comme les fleurs, les couleurs ont un langage que l'on comprend sans être polyglotte ; mais il paraît que ceux pour qui la langue du pays est lettre close, perdent une belle occasion de se gaudir, en ne saisissant pas le pittoresque des cris que les marchands de la rue lancent aux acheteurs. Voici pour le cresson : « Cresson tendre de la source ; quand une vieille femme en mange, elle se réveille jeune le lendemain matin ». Comme je me serais précipité pour savoir si les messieurs pouvaient demander au cresson de Damas la remise de quelques années! Pour les pois grillés : « Voici quelque chose que les dents ne peuvent attaquer, tant c'est dur. » Là, par exemple, je me serais abstenu pour ne pas hâter les ravages du temps. Enfin, on vous offre des bouquets par cette perspective qui ne saurait laisser personne indifférent : « Apaise ta belle-mère ». Moi, j'aurais cru les belles-mères turques plus aimables, puisque ces messieurs ne succombent pas au chagrin d'en avoir trois ou quatre.

Dans l'après-midi, nous visitons en corps la mosquée principale sous la conduite d'un prêtre musulman et sous la protection du Cawas de notre consul. Hélas! elle est en ruine, la jadis très belle mosquée des Ommiades. En 1893, toute la nef a été brûlée, il ne reste que les arcades de la cour. On voit encore, sur des pans de murs noircis, quelques mosaïques violemment arrachées à la demi-obscurité des voûtes, mais leur beauté n'a rien à redouter du grand jour. Tout le monde ne peut pas en dire autant.

La cour est intacte, avec son beau dallage de marbre; au milieu se trouve la coupole du jet d'eau qui sert aux ablutions et qui marque la moitié de la route entre Constantinople et La Mecque. Je m'avance pour mieux voir, et puis une petite ablution, si sommaire fût-elle, ne serait pas pour me déplaire. Halte-là, mécréant! tu souilles le sol sacré que le fidèle touche du front; encore si tu étais en chaussettes! Je me retire en toute hâte, comme si je marchais sur de la lave, et un employé du saint lieu vient, avec une longue branche de palmier, balayer la trace de mes pas. Il est de fait qu'après avoir piétiné toute une journée dans une cité turque, on ne peut répondre de ses semelles. La visite se termine par l'ascension du minaret qui se dresse, comme un pistil, au centre de cette fleur de beauté qui s'appelle Damas. C'est l'heure où le soleil disparaît derrière la cime de l'Anti-Liban; toute la ville est à nos pieds, et je dirai, une fois pour toutes, ce que Loti dit si souvent, qu'elle est rose; et j'ajoute: c'est une églantine à plat sur de la mousse.

Le soir, je me laisse entraîner dans un café turc, où l'on nous donne à siroter des jus abominables, qui rendent la tempérance facile ou inutile, puisqu'il n'y a pas trace d'alcool; c'est comme de la rinçure de confitures, et nous nous mettons au narghilé. Je tire, je tire... dans l'espoir que les doux rêves vont venir avec l'odorante fumée; l'eau s'agite dans le cristal, au passage de mon cyclone, mes aspirations ne connaissent plus de bornes. Hélas! elles restent chimériques. Je ne sens rien, je ne vois rien ; il faut que l'instrument soit bien mauvais ou que je sois un bien mauvais artiste... et toute la joyeuse compagnie de rire ! pendant qu'un Oriental, qui me fait vis-à-vis à une table voisine reste impassible et a l'air de tirer quelque chose. On n'a pas l'idée de ce qu'un musulman peut plaquer d'indifférence sur sa figure, devant un chrétien.

22 septembre.

Deux rues, qui se coupent presqu'à angle droit, divisent la ville : l'une court du Nord au Sud et se poursuit, à travers l'interminable faubourg de Meidan, dans la direction de La Mecque ; l'autre se dirige vers l'Orient, et aboutit aux murs d'enceinte. C'est la *Rue Droite*, dont il est question au Livre des Actes, et où se trouvait la maison de Judas, qui reçut l'apôtre Paul, après sa célèbre vision. Si cette rue est droite, elle le doit aux Romains ; les Orientaux, au contraire, font de leurs rues de vrais labyrinthes. Une quantité de ruelles viennent déboucher dans cette belle artère, qui est recouverte d'une voûte, ce qui lui donne une demi-ombre d'appartement où le soleil ne pénètre qu'en barres.

Là c'est encore un fourmillement de bêtes et de

gens; on avance par paquets humains, qu'éventrent des paquets de bêtes; on se faufile comme on peut, en frôlant les étalages, caressés au visage par tout ce qui pendille aux devantures; quand ce sont de douces étoffes de soie, passe encore! mais quand ce sont des têtes de moutons saignantes, on voudrait passer ailleurs... Tantôt c'est un chameau qui de son haut poitrail menace vos épaules, tantôt c'est un bourriquet flanqué de deux énormes paniers de piment qui met en danger vos côtes; ailleurs, c'est un porteur d'eau, qui, dans une peau conservant la forme de l'animal qui fut son propriétaire, va droit devant lui, et vous vous détournez avec effroi de cette bête humide qui semble encore transpirer à travers ses poils luisants.

En suivant l'autre rue, le spectacle est différent; les maisons, plus basses, laissent déborder le ciel à droite et à gauche; on sent qu'on approche du grand espace vide. La population qu'on y trouve est celle qui arrive des lointaines contrées, apportant les denrées nécessaires à la ville; rudes montagnards, bédouins à la tête cerclée de grosses cordes en poil de chameau, bergers poussant des moutons à large queue, cavaliers brûlés par le soleil et couverts d'une poussière qui date de longtemps. On arrive ainsi à la *Porte de Dieu*, et plus rien n'arrête l'imagination et le regard; une route immense s'en va droit devant nous: c'est celle que prend le pèlerinage annuel vers la cité sainte.

La foule cesse là comme par enchantement; c'est presque le désert. Dans le cadre démesuré, les personnages paraissent minuscules, les chameaux eux-mêmes se volatilisent, tout paraît lointain, les bruits meurent sur place, l'espace et le silence dévorent tout, et l'âme, en côtoyant ce vide, se sent attirée par le mystère des plaines sans ombre et sans fin. Avec quelle joie on s'en irait, sous le grand ciel bleu, vers les horizons qui reculent et sur les routes qui jamais n'arrivent! Tenez, tournons bride, si vous ne voulez pas que mon imagination vous emporte dans une course fantastique.

Fantastique, elle l'est aussi, cette course de notre voiture à travers des rues étroites et bordées de grands murs, où nos chevaux glissent et s'enfoncent dans des creux énormes; tantôt les boutons des roues frôlent le bas des maisons, tantôt le timon va poser son nez où il n'a que faire; où un homme ne passerait pas avec une brouette, nous passons en victoria à deux chevaux; mais aussi que de coups de reins en arrière, que de coups de collier en avant, que d'arrêts instantanés qui vous font faire la révérence, que de départs brusques avec révérence tout ce qu'il y a de plus inverse? A un endroit du bazar, la place était si juste que nous défonçons la margelle d'un vieux puits ; je m'attendais à être conduit au poste, mais personne n'y a pris garde, et je doute qu'à l'heure actuelle le dégât soit réparé. En Orient

Damas. — Dans la rue.
(D'après une photographie de M. Jules Calas.)

les choses tombent pour ne plus se relever. C'était écrit.

Cette course nous a creusé l'estomac profond comme ledit puits, mais nous procédons à sa restauration ; à l'hôtel Dimitri, tenu par l'illustre Besraoui, on oublie totalement de jeûner ; du reste, nous sommes loin du Ramadan, qui tombait cette année au mois de février. Il paraît que, pendant cette période sacrée, les gens pieux n'avalent pas même leur salive ; devant la succulente table de Besraoui, l'eau vient à la bouche, mais il est permis d'avaler autre chose.

CHAPITRE VI

Promenade autour des murs. — Une tradition douteuse. — A la maison d'Ananias. — Pour ma collection. — Le long du Barada. — Vue d'ensemble. — En casque à mèche. — Damas endormie. — Une carcasse de cheval en pleine rue. — Un concert étrange. — On part. — Ma besace. — Une compensation. — Un bœuf conservateur. — Une toile splendide.

Dans la soirée, nous faisons une promenade le long des murs d'enceinte et des jardins. C'est une vraie course au clocher, dans la poussière des chemins défoncés qui entourent la ville. Nous sortons par le faubourg de Meidan; au lieu de nous engager sur la route de La Mecque, nous tournons à gauche, en longeant un cimetière musulman dont les pierres droites, à turbans sculptés, font songer à des morts plantés en terre.

Le bas des murailles est formé de larges pierres de taille, puis ce sont des assises de moellons de différentes grosseurs qui attestent différentes époques de construction. A un endroit, on nous montre la fenêtre d'où saint Paul aurait été descendu dans une corbeille; malheureusement le mur est turc, ce qui laisse quelque doute sur l'authenticité de la tradition. Je n'en songe pas moins à ce fier jeune homme qui venait à Damas en persécuteur, et qui fut obligé d'en sortir à la dérobée, persécuté à son tour, et je ne croirai pas avec Renan qu'il endura toutes ces souffrances pour un simple coup de soleil reçu en pleine route.

A quelques minutes de là se trouve la maison d'Ananias ; une jeune femme nous en fait les honneurs. Comme elle lève le bras pour nous faire admirer des fresques de troisième ordre, je distingue un tatouage minuscule dans le pli de son coude; cela m'intéresse plus que le reste. Après information, je crois comprendre que c'est la date de sa naissance. Voilà une manière de simplifier l'état civil. Avis à nos paperassiers. Ce qui l'étonne et la met en joie, c'est que ce signe imperceptible ait attiré mes regards. — J'en vois bien d'autres !

Nous visitons ensuite un cimetière chrétien dont les tombes ont été éventrées; je pénètre dans l'une d'elles et me trouve au milieu d'ossements épars. Voyez jusqu'où peut aller la manie des collections. J'allais m'emparer d'un fémur, quand je songe à l'émoi de ma femme en défaisant ma malle, et je me contente d'une vertèbre que je pourrai facilement dissimuler, au milieu de souvenirs plus gais. Pauvre

Damas. — Cimetière musulman.

corps, objet de tant d'amour, à quoi tu es exposé dans la suite !

Nous revenons par les quartiers du Nord, le long du Barada, qui porte la fraîcheur dans les jardins et dans les cours plantées d'orangers. Quelle bénédiction que ces eaux courantes, sous ce ciel embrasé et sur cette terre qui vole en poussière.

Oh ! les types étranges entrevus dans les portes entrebâillées : femmes indolentes en tenue négligée, faces blanches de l'anémique pâleur des prisonniers, corps mous d'où l'âme a fui pour se réfugier dans la flamme du regard, larges bandeaux de cheveux plats, comme deux ailes noires rabattues, longs vêtements d'étoffes claires et légères qui jurent avec le délabrement des choses et l'incurable tristesse d'une vie qui ignore les grandes envolées de l'esprit. On se sent pris de la plus profonde pitié pour toutes ces créatures humaines qui vivent et meurent dans cette immobilité séculaire, à laquelle l'Orient semble condamné. — Non, le rire est chose rare là-bas, et quand il fleurit sur une lèvre, c'est comme une fleur artificielle.

Nous touchons aux dernières heures de notre séjour à Damas ; elles ne sauraient être mieux employées qu'à prendre encore une vue d'ensemble de la ville. Nous nous rendons au point de vue classique recommandé par les guides, la hauteur d'Es-Salihiyé, qui est comme un faubourg de Damas, à cheval sur un bras du Barada ; une route européenne y conduit. Nous passons devant le lazaret militaire, construction sans style qui rappelle nos casernes. — Des têtes de soldats se montrent aux fenêtres ; coiffées du fez, on les eût prises pour des rangées de grenades ou des guirlandes de coquelicots. Hélas ! il faut en rabattre, les défenseurs de l'Islam sont en casque à mèche. Adieu, coquelicots et grenades, pour des arabesques de bonnets de coton. Nous descendons de voiture derrière le village et grimpons à travers des champs pierreux, pour nous élever au-dessus des constructions voisines et dominer la plaine. Un cri d'admiration s'échappe de nos quatre-vingt et quelques poitrines, mais il me faut autre chose que cet enthousiasme collectif ; pour m'isoler, je poursuis mon ascension, et plus on monte, plus la vision s'ennoblit. De quelque côté qu'on se tourne, ce sont des splendeurs de rêve, des féeries d'un paysage enchanté, des jeux d'ombres et de lumières qui se partagent l'espace, des nuances d'une délicatesse extrême, comme celles d'une terre toute jeune, d'un Éden renouvelé. Il semble que tout ce qu'il y a de soyeux, de velouté, de vaporeux, d'infiniment profond s'offre aux caresses du regard. Sur la droite, arrive le fleuve des eaux, qu'accompagne le fleuve de verdure ; plus haut, c'est le fleuve d'or du soleil qui descend de l'Anti-Liban, inonde toute la cité... puis va se perdre dans le lointain désert ; en face, le mont Hermon, dont la croupe majestueuse se profile sur le ciel clair ; tout au fond, la chaîne du Haouran, dont le pied se perd dans l'horizon indécis et dont la cime resplendit aux rayons du couchant; et tout là-bas on devine, dans une poussière brune, le recul infini de la solitude où s'enfoncent les caravanes de Palmyre et de Bagdad. Dans son écrin de soie verte, douillettement repose la perle de l'Orient, et l'on se demande comment ses murs de terre peuvent renvoyer de tels reflets et produire illusion si charmante.

Que souvent on se fait des choses une idée différente de ce qu'elles sont en réalité! l'imagination jette son tableau sur la toile, et il faut le retoucher, quand le modèle est sous les yeux. Je rêvais d'une Damas plus étincelante encore que Moscou, toute parsemée de reflets d'or et d'éclats de faïence, piquée de minarets polis comme des aiguilles. Eh bien, Damas n'a qu'une teinte fort terne par elle-même, celle de la terre sur laquelle elle repose et d'où elle a tiré et sa chair et ses os; mais, sous le soleil qui l'embrase, on dirait qu'un sang vermeil circule à fleur de crépissage, et sa beauté lui vient de ce bel incarnat qui peut se passer de bijoux; un fouillis de verdure sur les épaules, et c'est tout!

Le gros des touristes qui ont l'admiration rapide est reparti pour la ville, et je reste seul avec un Belge, pour jouir jusqu'à la nuit tombée, de cette incomparable transformation de la lumière. Quand tout se confond dans les grandes ombres, je pars à contre-cœur, avec la pensée amère que je dis adieu pour toujours à une des plus belles choses qu'il me sera donné de voir sur cette terre : Damas, la blonde au teint de roses, s'endormant sous les voiles de son oasis.

Nous rentrons à pied, au milieu du calme de la nature, pendant que quelques paysans attardés regagnent leur demeure dans la montagne. Deux beaux cavaliers s'en vont au pas de leurs montures, et font deux petites taches sur les rochers, qui semblent retenir encore les splendeurs du crépuscule. Profondément impressionnés par le spectacle que nous venons de contempler, nous gardons le silence et, par ces rues du faubourg, nous hâtons le pas, comme si quelque fantôme nous pressait les talons. Nous nous détournons avec dégoût d'un cadavre de cheval laissé sur le bord de la route. La peau a été enlevée parce qu'elle a quelque valeur, le reste est livré aux chiens et aux oiseaux ; la pauvre carcasse sanguinolente n'offusque que nos yeux ; elle sera là demain, après-demain, jusqu'à ce que le dernier lambeau de chair ait disparu, que le dernier os ait été rongé. Je la vois encore, et j'en ai comme le frisson.

Dans la soirée, nous nous rendons un instant dans les jardins qui avoisinent notre hôtel. C'est une espèce d'Eldorado où se rend le *High life* de Damas. Ces gens-là doivent s'amuser, puisqu'ils y vont ; cela me paraît d'une gaité à faire pleurer des rochers. Quelques voix nasillardes troublent seules le silence ; sur une estrade, des musiciens battent des tambours avec leurs doigts et font gémir des flûtes et des cordes. N'étaient le murmure des eaux et la fraîcheur des arceaux de feuillage, je n'y trouverais aucun charme. Mieux vaut encore aller dormir.

A ces concerts baroques, que je préfère celui qu'en pleine nuit j'ouïs, par la fenêtre entr'ouverte ! Sur la ville endormie, planait un silence semblable à celui que doit être le silence du désert ; tout à coup une voix claire, perchée sur un fausset suraigu, se mit à moduler la plus étrange des mélodies, et cela montait, montait vers le ciel limpide, en jetant de petits échos le long des murailles, et puis cela s'épanouissait en l'air comme l'éclat d'une fusée, pour retomber en gerbe de notes fines et lointaines qui m'arrivaient avec la fraîcheur nocturne. C'était comme une rosée d'harmonie qui lentement se déposait sur les toits plats avec une infinie langueur. Jamais de ma vie je n'avais entendu sortir d'un gosier humain pareilles intonations, et j'aurais voulu les entendre jusqu'au matin, tant elles allaient droit à mon âme charmée.

CHAPITRE VI

23 septembre.

Nous quittons Damas aujourd'hui, et dans le vestibule de l'hôtel Besraoui, c'est un entassement de bagages, aux formes les plus extraordinaires, qui représentent toutes les envies auxquelles ont cédé les touristes du « Sénégal ». Nous emportons des tables, des cadres, des berceaux incrustés, des narghilés, des cannes, des étoffes, des tapis, des objets de harnachement, sans parler des innombrables bibelots qui ont trouvé à se caser dans des valises remplies à faire sauter les boucles; et tout cela, ficelé à la hâte, sanglé impitoyablement, dans la fièvre du dernier moment, offre à la vue des saillies menaçantes ou les renflements les plus disgracieux. Nous devons ressembler à une tribu de nomades, en train de décamper devant quelque fléau, les sauterelles ou l'incendie. Pour ma part, je traîne après moi un grand sac à double poche, en grosse étoffe de laine, rayée de toutes les couleurs, ornée d'un tas de pompons qui s'agitent follement. Comme ledit sac n'est pas neuf et que, dans une des poches, l'ex-propriétaire a dû briser le pot d'huile qu'il portait au marché, je me sens enveloppé d'une odeur rance et fade dont je fais profiter mes voisins. Le malicieux bissac semble me dire : Ah! tu veux de la couleur locale, pour le même prix tu auras l'odeur! Cette besace se met sur le dos des chevaux, et le cavalier y place ses provisions de toutes sortes; si je ne me trompe, on appelle ces sacs *aidés*. Le mien, arrivé à destination, se repose de ses pérégrinations à cheval sur mon coffre-fort, et me sert de vide-poche; ses glands ne flottent plus au vent des galops furieux, et retombent lamentablement comme de grosses larmes. Je m'apitoie sur son sort; au lieu des flancs fumants des coursiers du désert, le voilà condamné à presser de froides plaques d'acier. Il y a peut-être un peu d'âme qui souffre dans ces tissus, dans ces couleurs, dans ces laines éplorées; plus rien de là-bas, du grand soleil, de la poussière dorée, des panoramas fuyants à toute bride; seule l'odeur d'huile est restée, en guise de consolation.

En bon musulman, jamais pressé, le train se fait attendre, et nous gisons des deux côtés de la voie, au milieu de nos très comiques ballots, en pleine chaleur. On boirait bien un bock. Hélas! ce qui serait très simple dans la moindre de nos stations, s'érige en problème insoluble sur la ligne de Damas à Beyrouth. Il circule bien dans nos rangs un bonhomme qui a, suspendue à son cou, comme une vielle de jadis, une immense bouteille de verre contenant une limonade quelconque; mais il a beau faire claquer artistement entre ses doigts ses deux gobelets, nous restons insensibles à ses appels ; et pourtant c'est curieux, cette façon qu'ont ces marchands de jouer des castagnettes en frôlant l'une contre l'autre deux tasses de laiton ; bien séduisants

Damas. — En attendant le train.

aussi sont les cris dont ils se servent pour attirer l'attention ; les voici tels que je les trouve dans Bædecker : *Rafraîchis ton cœur ! Apaise la chaleur ! Bien claire, mon enfant !* — Justement, un peu trop claire !

Il paraît que, quand une personne veut faire une bonne œuvre, elle achète au marchand tout le contenu de sa bouteille, pour qu'il le distribue gratis aux passants pauvres. Pas si mal imaginé. Je dois dire que durant mon voyage je n'ai pas souffert de la soif, comme je le craignais; en dehors des repas, il m'est rarement arrivé de boire, ce qui vaut infiniment mieux pour la santé. Un de nos jeunes touristes, ayant un peu abusé des rafraîchissements, a passé un mauvais quart d'heure de fièvre à Damas. C'est la seule alerte que nous ayons eue pendant ces trois semaines passées à cuire dans notre jus. Plusieurs affirmaient que nous avions commis une réelle imprudence en affrontant les chaleurs des côtes de Syrie à cette saison. Puisque nous en sommes revenus, nous n'avons qu'à nous féliciter d'avoir vu le Liban et la Judée flambés par cinq mois d'été. En Russie, je regrettais de ne pas voir la Néva par les grands froids de janvier; en Orient, j'ai vu le roi Soleil dans tout l'éclat de sa puissance. C'est une compensation que me devait Dame Nature, pour l'ardeur avec laquelle j'embrasse ses autels.

Enfin le train se montre à un détour de la voie, avec son petit air flegmatique. Je hisse mon bissac, qui, pour la dernière fois, voit le soleil à Damas, et nous partons, laissant derrière nous cette incomparable cité, où l'eau abonde sous un ciel de fournaise. Cette partie de la route que nous avions faite en pleine nuit, est vraiment fort belle. La voie remonte, le long du Barada, cette bande de l'oasis qui va s'amincissant toujours, à mesure que l'on s'élève contre l'Anti-Liban. La route, le fleuve et la ligne ferrée se disputent le thalweg et intervertissent sans cesse le rang qu'ils occupent, jusqu'à l'endroit où la route abandonne la partie pour se diriger vers le plateau désert de *Sahrat-Dimâs*, champ de manœuvre de la garnison de Damas.

Du wagon, nous apercevons, côte à côte, et le fleuve qui symbolise la fraîcheur, et cette route, qui ressemble à une bande de désert, tandis que la voie s'avance entre deux rideaux, l'un de rochers et l'autre de feuillage, que les grenadiers mitraillent de leurs pommes rouges. Dans les gorges, où s'engouffre une lumière implacable, cheminent lentement des caravanes qui pointillent le sentier. Que tout cela est délicieux de coloris, de détails, de mouvement! Bientôt nous arrivons sur le dos de l'Anti-Liban, nous y restons en selle quelque temps, avant de redescendre. Quelques champs cultivés à droite et à gauche, quelques scènes de la vie agricole et pastorale retiennent mon attention et me font penser aux récits bibliques. A un moment, un jeune bœuf est venu se planter entre les rails, comme pour protester contre l'invasion des mœurs nouvelles; le mécanicien a dû ralentir pour donner au berger le temps de faire comprendre à la bête réactionnaire que la poussée du progrès est irrésistible: elle broie l'insensé qui se met au travers de sa route.

Le versant qui regarde vers la plaine de Cœlésyrie n'a pas la grâce séduisante de celui où naît l'oasis de Damas, mais il offre des aspects plus imposants. Nous descendons une vallée sauvage entre de colossales assises de rocs décharnés, dans lesquels s'ouvrent plusieurs étages de cavernes béantes que l'imagination peuple de bandits armés jusqu'aux dents. De temps à autre, un misérable hameau avec quelque silhouette humaine, toute petite au milieu de gros blocs; là-haut, dans l'azur, planent de grandes ailes d'oiseaux de proie. Sur le bord d'un sentier, j'aperçois un long squelette de chameau, avec, tout au bout d'un chapelet de vertèbres, la grande boîte osseuse d'une tête énorme, où le jour pénètre par l'arcade sourcilière. Pauvre bête! on dirait qu'elle trouve bien tendre son lit de rochers, et qu'elle s'y est étendue avec délices, au bout de sa dernière étape de martyre. Elle n'a pas pu suivre la caravane, elle est morte avant l'oasis, le cou tendu vers les eaux courantes.

A toute vitesse nous roulons vers la plaine en

remplissant la gorge de durs échos; devant nous se dresse la magnifique croupe du Liban, derrière laquelle se creuse la Méditerranée. Oh! que ne puis-je mettre la main sur le levier de la locomotive, pour l'arrêter en face de cette toile, encore plus splendide qu'immense! Au bas, la plaine fertile, où serpente le Litani entre une double bordure verdoyante, où s'étalent de nombreux villages, où errent les troupeaux à travers des champs qui ne connaissent ni haies, ni limites pour arrêter la liberté des galopades, et par delà cette largeur de quatre ou cinq kilomètres, se dresse le renflement de la montagne qui porte la ligne de faîte à 2000 mètres de hauteur; sur notre droite, vers le Nord, la dernière croupe visible est le Dj-Sannin (2608 mètres), semé de grosses larmes de neige. Vers le Sud, se prolonge la barrière géante qui va rejoindre, après avoir enjambé les gorges du Litani, le superbe massif de l'Hermon, dont la rosée fut chantée par le roi David. La pente du Liban vient mourir mollement sur la plaine, en sillons parallèles que séparent les torrents nés tout en haut, dans un chaos de croupes arides. Les cèdres qui servirent à orner les palais des rois d'Israël et le temple de Salomon ont disparu, on n'en trouve plus que de rares survivants, au nord-ouest de Baalbek. La gloire du Liban n'est plus, il n'y a quelque verdure que dans le fond des ravins, où se concentre l'humidité et où viennent nicher les villages dont les toits dessinent une infinité de petites barres superposées; plus haut, les raies tortueuses des sentiers escaladent les épaules nues de la montagne.

Comment l'artiste divin s'y est-il pris pour faire, avec des éléments si simples, un tableau devant lequel je me prosterne d'admiration? Entre les lignes de ce dessin sévère, il a jeté des masses de couleur, des grandes étendues de jaune, de fauve, de blanc bleuâtre, de rose, de gris d'argent, de rouge sombre; on dirait que son trait de génie ait consisté à renverser son immense palette. Chaque sillon a sa teinte différente, délimitée par un trait de sombre verdure. C'est à se demander comment la même terre, le même sol peut, selon des conditions particulières d'optique, se revêtir de nuances si diverses. Le bas est une véritable frange où se mêlent, avec une parfaite harmonie, les torsades blanches azurées, rouge feu, jaune d'or, velours marron, avec des fils de soie qui sont les sentiers; toutes ces ondulations parallèles se suivent dans un rythme régulier. Mais, ô miracle d'un art divin, aucune ne se ressemble! A mesure que le regard s'élève, il rencontre plus d'uniformité de coloris, et, vers le sommet, ce n'est plus qu'une bande rose striée par la blancheur des neiges retenues dans les plis du terrain, sur laquelle vient s'appuyer le fond bleu du ciel; et le spectateur, surpris, en arrive à voir, non une toile, mais un tapis de Turquie d'une richesse infinie. Ah! maintenant je comprends où les Orientaux ont trouvé le modèle de leurs étoffes éclatantes, de leurs tentures aux couleurs si vives, mais si harmonieuses, de leurs moelleux tapis; ils n'ont eu qu'à copier la nature, qu'à lever les yeux vers leurs montagnes, et vers la plus belle de toutes, le Liban !

CHAPITRE VII

En gare de Mallakah. — Un assortiment d'équipages. — *Allons-y !* — Sur la route de Baalbek. — Un Khân. — Sécheresse de l'air. — Un remède contre la fatigue. — Deux beaux cavaliers. — Les six colonnes. — Au Grand Hôtel de Palmyre. — Pure Magie. — L'acropole. — Les sultanes favorites. — Presque à genoux devant Baal.

Le train, lancé à toute vapeur, nous amène dans la plaine, en déplaçant un courant d'air brûlant. Après avoir longé le fleuve pendant quelques kilomètres, et mis en fuite des troupeaux, dans des nuages de poussière, nous arrivons en gare de Mallakah ; la salle à manger de la modeste station ne pouvant suffire à toute notre caravane, une tente a été dressée le long de la voie. Puisqu'on a le choix, je loge sous la tente, c'est plus patriarcal. Il est midi, le soleil fond sur nous ; au travers de la toile, il suinte une pluie de feu. Que sera-ce tout à l'heure sur la route de Baalbek ?

C'est le moment de prendre des forces. Chacun fait honneur au déjeuner; on dirait que nous avons toute la *Syrie-Creuse* dans l'estomac. A peine le

Mallakah. — Vue de la gare.
(D'après une photographie de M. Jules Calas.)

café est-il servi qu'on sonne le départ. Ah! qu'un moment de répit eût été agréable! Dites-moi si le café est encore du café, quand il faut l'avaler fiévreusement, au lieu de le siroter? Je rassemble en toute hâte mes *impedimenta*, et je vole dans la cour de la gare. Là, je tombe au milieu d'un assortiment d'équipages qu'on dirait échappés à quelque formidable déroute, tant ils sont défraîchis, déhanchés, démantibulés. Il y a là la fine fleur du déchet des voitures qui, en des temps meilleurs, roulèrent sur la côte d'Azur : grandes tapissières ornées de rideaux effiloqués, victorias ayant perdu l'équilibre, landaus aux ailes pendantes et aux compas ballants, pauvres capotages blanchis sous des incrustations de poussière, pauvres cuirs recroquevillés par la sécheresse de l'air, pauvres ressorts qui en sont à leurs derniers gémissements, pauvres avant-trains à l'agonie ; quant aux panneaux, ils ne conservent aucun vestige de la laque où se mirait jadis le tourbillon des roues ; vous jureriez qu'on vient de les passer à la pierre-ponce. Que dire des fantômes à quatre pattes qui y sont adaptés tant bien que mal ? C'est une collection d'invalides, d'écloppés, de moribonds parvenus au terme de la carrière, que l'on croirait incapables de mettre un pied devant l'autre. Sous le grand soleil flambent tous ces coussins étiques sur lesquels nous allons nous asseoir ; sous le grand soleil attend patiemment toute cette cavalerie sur le retour, la tête baissée, les jambes repliées, l'épine dorsale en saillie sous des harnais trop grands et démodés.

Comment s'y prendront les cochers pour ébranler ces bêtes assoupies et ces véhicules en décomposition ? Au signal donné, tout cela partira ; le reste de sang arabe qui coule dans les veines ne mentira pas à ses origines. Au milieu de ces survivants d'une débâcle cosmopolite, je cherche, pour mon frère et moi, quelque chose qui ne soit pas trop avarié. Mon choix se porte sur une petite victoria à deux places qui fera bien notre affaire. Hélas ! à peine étions-nous installés qu'on vient nous avertir de chercher ailleurs, nos chevaux ne feraient pas la course. Je jette les yeux sur les deux chevaux qu'on nous destine ; ils ne paraissent guère plus valides que leurs confrères, mais avec ceux-là nous arriverons, paraît-il : *Allons-y !*

Quand tout le monde est casé, un immense bruit de ferraille se fait entendre, c'est la caravane qui démarre. Nous devions suivre un certain ordre, chacun avait sa place marquée dans la file, mais à peine avons-nous quitté la cour de la gare que la débandade se met dans les rangs. Alors commence une course folle, qui ne prendra fin qu'à Baalbek. Devant nous s'envole une grande tapissière à trois chevaux des plus dépareillés, les rideaux lui font des battements d'ailes d'albatros ; notre cocher veut la rejoindre, la dépasser, si possible, pour ne pas manger sa poussière ; mais elle s'en va grand train, comme un de ces monstres antédiluviens, quelque plésiosaure gigantesque. Tout à coup la machine s'arrête en pleine route, un des chevaux s'est abattu entraînant les autres dans sa chute ; nous passons à côté d'une épouvantable mêlée, où nous distinguons des pattes en l'air et de grandes carcasses qui s'agitent dans la poussière ; nous voudrions leur porter secours, impossible, notre automédon profite de l'occasion pour gagner du terrain. Devant nous, c'est une autre voiture dans l'embarras, un des chevaux rue à tout casser ; tout le monde a mis pied à terre, nous en profitons encore pour leur brûler la politesse ; par derrière, d'autres nous poursuivent ; on dirait que toutes ces rosses ont le diable au corps, tant elles se disputent la tête de ligne. Par moments, c'est un corps-à-corps effroyable ; quand deux ou trois voitures sont de front, les moyeux s'empoignent, les traits se confondent et, enfin, on n'échappe à la mêlée qu'en inclinant vers les fossés et en prenant à travers champs, avec des soubresauts fantastiques. En voilà un pousse-café ! Pour ne pas être projeté, il faut se cramponner au fer brûlant des galeries, et adhérer de toutes ses forces au drap râpé des coussins. La route se change bientôt en fondrière, où nous cahotons à en perdre la respiration ; tantôt nous roulons sur un lit de cailloux concassés, tantôt nous sombrons dans une mare de poussière, pour nous relever bientôt sur quelque pont dont la voûte effondrée laisse tout juste un passage; une déviation de quelques centimètres et, au lieu de passer dessus, on passerait dessous. En cette saison, il n'y a pas une goutte d'eau dans les torrents qui descendent du Liban; au lieu de se noyer, on aurait l'avantage de s'écraser. S'il y a en Turquie quelque chose qui ressemble à notre administration des ponts et chaussées, il faut croire que les ronds de cuir de là-bas ignorent les tournées d'inspection; après tout, ce sont peut-être les fonds qui leur manquent.

A droite et à gauche, nous admirons des vignes plantureuses chargées de raisins à grosses graines, et des mûriers aux feuilles lisses et très vertes; quelques pas plus loin, ce sont des champs désertiques que nos cochers prennent souvent pour des succursales de la route, quand ils y trouvent quelque avantage. Nous croisons des files de chameaux, qui fréquentent de préférence le terrain mou avoisinant la chaussée; ils jettent sur nous un regard vague, comme s'ils pensaient à autre chose. Notre cortège de voitures, au rythme bruyant et précipité, leur fait pitié, à eux, les silencieux et les rêveurs par excellence; nous ne faisons qu'augmenter leur nostalgie du désert. Je me souviens de l'un d'eux, grand et solennel vieillard; il avait tout un côté de la tête rongé par une plaie terrible que bandait un haillon; il s'en allait stoïque, la nuque étroite dévorée par le soleil,

Le Khân sur la route de Baalbek.
(D'après une photographie de M. Jules Calas.)

et portant sur son dos tout un déménagement. Oh! souffrir, souffrir, éternelle loi de ce monde, partout on te retrouve!

Voilà deux heures que nous roulons. Jusqu'ici la route s'est tenue collée aux premières pentes du

Liban, dominant la plaine; avant de redescendre, elle escalade un dernier éperon où se trouve un Khân. Quelques minutes d'arrêt, pour laisser souffler les chevaux. Nous mettons pied à terre, chacun essaye ses jambes pour leur donner un peu d'élasticité.

Ce Khân n'est qu'une masure, avec une chambre unique; deux ou trois Orientaux sont gravement assis sur le plus primitif des divans. Ils n'ont pas plus l'air de faire cas de nous que si nous étions de la masure. Nous nous servons nous-mêmes à une cruche remplie d'eau; les plus fortunés profitent d'un reste de café qui chauffait sur des braises. Telle est l'auberge qui marque la mi-chemin entre Mallakah et Baalbek, sur une route très fréquentée où passent les bandes de Cook. Vous voyez que les industriels du pays ne sont guère entreprenants. Le Khân nous offrant si peu de ressources, c'est à qui partira le premier, car l'important, le point d'honneur, c'est de tenir la tête de la colonne, pour n'avoir à braver que son propre nuage de poussière; en queue, c'est un véritable simoun. Mon cocher grille d'impatience; j'ai à peine touché le marchepied qu'il enlève ses chevaux et les lance à fond de train sur la pente. La course aux chars recommence de plus belle, avec toutes les péripéties d'une lutte formidable. Quelques roues vont se promener dans les champs; en somme, rien de grave.

Les accidents de voiture sont là-bas chose toute naturelle; personne n'y prend garde. Les cochers arabes sont passés maîtres en fait de réparations hâtives, et l'on arrive toujours, ou presque toujours.

Bientôt nous atteignons la plaine et passons sur la rive gauche du Litani, pour ne plus la quitter jusqu'à Baalbek. Nous sommes à peu près à égale distance du Liban et de l'Anti-Liban, au plus creux de la *Syrie-Creuse*. L'atmosphère, surchauffée par la réverbération des deux puissantes montagnes, est d'une sécheresse extrême; nos muqueuses nasales sont parcheminées et douloureuses. Je parle pour mon propre compte, car je ne vois ni ne sens celles des autres; quant aux chevaux, ils rejettent des filaments de sang par les naseaux.

Les pauvres bêtes avancent toujours avec courage; cependant la fatigue commence à se faire sentir. Voici comment s'y prend notre moricaud pour leur apporter un peu de soulagement. Ils les arrête après avoir pris un peu d'avance sur les camarades, descend de son siège et, saisissant entre ses mains leurs deux oreilles, il les tire violemment, les rebrousse énergiquement dans tous les sens, comme s'il voulait les déraciner, les secoue de toutes ses forces, puis se rend à la croupe et pratique la même opération sur la queue. Cette sorte de massage semble avoir une certaine efficacité, car chaque fois nous repartons à une vive allure. Malgré tout, on ne m'ôtera pas l'idée qu'une ration d'avoine eût été plus de leur goût que ces frictions sèches.

Avant tout, avant lui l'animal! Mais il n'est pas défendu de songer un peu à soi, quand l'animal a ce qu'il lui faut. Et voilà que notre homme tire des profondeurs du caisson une pastèque grosse comme la tête, à la peau luisante et tachetée, à la chair rose et superlativement juteuse, où il y a à boire et à manger; sans plus de cérémonie, il y mord à belles dents, vous savez les blanches dents de nègre! et se restaure capitalement, se rafraîchit délicieusement, pendant que nos muqueuses sont plus arides que jamais. Ce que ces Orientaux savent simplifier la vie!

Pendant que nos bêtes harassées s'usent les pattes sur la route qui n'en finit plus, et ne songent guère à fringuer, nous voyons accourir vers nous deux superbes cavaliers, fièrement campés sur des montures non moins superbes. Au vent de leur galop les burnous rayés s'envolent, les ornements de laine, brodés de coquillages, ondulent sur les poitrails, les crinières se soulèvent follement, et les queues, fièrement attachées aux croupes luisantes, se dressent avec défi. Par la grande plaine, ils s'en vont dans un enivrement de liberté, rasant le sol comme des hirondelles et traçant dans leur course les courbes les plus gracieuses. Ils reviennent pour repartir; le temps d'un éclair, et déjà ils sont loin, à perte de vue, tout petits au bas de la montagne immense; un second temps d'éclair, et les voilà sur nous. Pas un de leurs mouvements qui ne soit la grâce même, pas une de leurs attitudes qui ne soit la perfection artistique ; comme forme, ils seraient dignes de figurer sur les frises du Parthénon ; comme couleur, ils mériteraient d'être... là où ils sont, sur ce sol rouge doré, sous ce bleu du ciel incomparable, dans cet éther limpide qui les auréole des pieds à la tête, dans ces lointains roses qui enveloppent leurs nobles silhouettes. Pour un tel tableau, dans un tel cadre, je donnerais tous les musées du monde; tout ce qu'il y a d'artiste en moi passe dans cette exclamation : Que c'est beau ! Vous le voyez, je réunis l'homme et le cheval dans mon admiration, ne pouvant me décider à choisir entre le mâle visage du cavalier et la tête fine du pur sang, entre le feu qui brille dans le regard du bédouin et le feu qui jaillit de la prunelle de l'animal, entre le teint bronzé de l'un et le brun lustré de l'autre. Et pourquoi les séparerais-je, puisqu'ils ne font qu'un ? Ne semblent-ils pas n'avoir qu'une volonté et qu'une âme, sans parler de cette affection qui unit comme deux frères l'Arabe et son coursier.

Les 40 ou 50 kilomètres qui séparent Mallakah de

Baalbeck. — Les six colonnes.
(D'après une photographie de M. Jules Calas.)

Baalbek touchent à leur fin; nous approchons de cette selle de la vallée qui rejette les eaux de l'Oronte vers le Nord et celles du Litani vers le Sud. C'est sur ce seuil de partage des eaux que se dressent les ruines solennelles de l'antique cité du

Dieu Soleil. A une demi-lieue de la ville actuelle, nous passons devant un curieux petit temple, formé de huit colonnes de granit réunies par une architrave massive qui n'a rien d'élégant. C'est le Koubbet Douris, dont les matériaux proviennent sans doute de l'acropole voisine. Ce monument sans grâce, lourd et trapu, placé comme un portier bourru à l'entrée de Baalbek, sert d'introducteur aux ruines célèbres, sans faire la moindre confidence sur les merveilles qui attendent le visiteur.

Elles apparaissent enfin, les six colonnes du temple du Soleil plantées sur l'acropole. De loin on ne voit qu'elles, elles dépassent dans leur majesté souveraine tout ce qui les entoure. C'est comme un gigantesque diadème posé sur le velours vert de l'oasis. Plus on approche, et plus on sent grandir en soi l'émotion qu'elles inspirent, l'œil est fasciné, l'esprit comme écrasé; quant à l'imagination, elle prend le mors aux dents pour franchir les siècles.

Voici les premières maisons du village, qui serait le plus ignoré de tous, sans ces restes d'une grandeur trépassée. Trois hôtels se disputent les touristes; le sort m'envoie au *Grand Hôtel de Palmyre*, qui est, paraît-il, le mieux organisé; en tout cas, c'est celui de Cook, ce qui plaide en sa faveur. C'est un mélange très supportable du confort occi-

CHAPITRE VII

dental et du *va comme je te pousse* qui caractérise l'Orient. En hâte je prends possession de ma chambre et me débarrasse de la poussière dont nous venons de recevoir l'averse, quatre heures durant. Notre temps a été calculé de façon à nous permettre de voir coucher le soleil sur les ruines. Moi, qui ai la manie des couchers de soleil et qui fais, dans mon île, des vingt kilomètres pour aller, sur les dunes du Phare des Baleines, assister à cette royale cérémonie, vous pensez bien que je ne serai pas des derniers au rendez-vous. Il nous reste environ deux heures de jour; c'est juste, trop juste ! De la partie élevée de la ville où se trouve l'hôtel de Palmyre, nous descendons par des rues turques, je n'en dis pas plus long, vers la partie creuse de l'oasis, qui est, par la profusion de ses eaux courantes, comme une sœur, oh ! bien petite sœur, de l'oasis de Damas. Avoir quitté cette longue route poudreuse de la Bekâa, où nous n'avons croisé ni un arbre ni un filet d'eau, et se trouver, comme par enchantement, transporté dans de frais bosquets, sous des frondaisons superbes, les pieds dans des ruisseaux qui courent sur des chemins de ronde, c'est bien pure magie. Nous nous sentons déjà au pouvoir surnaturel des fées.

A travers les troncs des grands peupliers, nous apercevons les formidables assises qui vont porter au-dessus des arbres les plus élevés la colline artificielle que couronnaient les temples.

Les villes antiques aimaient à se grouper autour d'une acropole qui, en temps de guerre, devenait le dernier point de résistance ; les habitants y entassaient tous leurs trésors, sous la protection des dieux. Là où manquait une élévation naturelle, comme le rocher sur lequel Athènes avait dressé son Parthénon immortel, le génie de l'homme en créait une. C'étaient des entassements de pierres énormes, de blocs taillés qui montaient, montaient comme des tours de Babel, pour porter vers le ciel tout un peuple de colonnes et de statues.

Dans la plaine rase, il eût été difficile de trouver le piédestal grandiose dont les antiques habitants avaient besoin pour mettre en évidence leurs édifices sacrés ; ils le construisirent de toutes pièces, et quelles pièces ! Du côté de l'Ouest, à une hauteur de six mètres du sol, le regard étonné contemple des blocs énormes de dix-neuf mètres et demi de long sur quatre mètres aux autres dimensions. Et ce ne sont pas des pierres brutes, mises l'une sur l'autre un peu au hasard, ce qui pourrait laisser croire que la nature, dans un moment de caprice, a fait le coup. Non, ce sont des pierres taillées, dressées à l'équerre, respectueuses de l'alignement, et qui ont été ajustées avec une précision mathématique. On a calculé le poids approximatif de l'une d'elles ; ce serait une masse de 800,000 kilogrammes, que les maçons de Baalbek manœuvraient avec des engins qui nous feraient peut-être sourire par leur simplicité, sans qu'il soit nécessaire d'imaginer, comme on l'a fait, 40,000 hommes tirant à la fois sur des câbles. Si chez nous la sueur de maçon se paye cher, là-bas elle devait être pour rien.

L'entrée des ruines n'a rien de monumental, si on néglige la muraille au bas de laquelle elle s'ouvre. C'est une porte vermoulue et branlante, dont le principal office consiste à ne tourner que moyennant un medjidieh par personne. Pour les touristes du « Sénégal », elle se contente de moitié prix, ce qui lui fait encore une bonne journée. Cette porte donne accès à un long couloir souterrain d'une centaine de mètres, qui monte vers l'esplanade des temples.

De grandes ouvertures latérales conduisent à des chambres qui ont dû servir d'écuries, au moyen âge. Il y a là tout un dédale de voûtes obscures qui se croisent et s'entrecroisent dans des profondeurs de mystère, où je n'ai pas la moindre envie de m'engager, de peur de ne plus revoir la belle lumière du jour. Dans toute cette construction enfouie sous terre, il n'y a pas un seul moellon qui ne soit une pierre de dimension colossale. Cela n'a pas l'air fait à l'usage des petits hommes que nous sommes, mais pour des hercules. Je me tiens dans l'axe de l'allée pour ne pas heurter mon front à ces blocs rébarbatifs, et je fixe mes yeux sur l'arche brillante qui m'indique la route. Quel éblouissement, quand, au sortir des lourdes ombres de l'interminable galerie, on renaît à la vive lumière qui rejaillit de toutes ces ruines; c'est un bondissement de flèches d'or d'un bout à l'autre de l'enceinte sacrée, des frontons renversés aux colonnes encore debout, des frises enfouies dans les herbes dures aux architraves mutilées, mais non désarçonnées. Des sentiers, formés de ces historiques débris, tracent leur réseau à travers les inégalités du terrain, ici évitant une corniche dont les angles menacent le ciel, là contournant une colonne détrônée, ailleurs escaladant des pans de murailles disjointes; la poussière soulevée par les ouragans est venue, comme un triste baume, s'étendre sur toutes ces blessures et égaliser les plaies. Sur un monticule qui doit recouvrir tout un trésor archéologique, je cueille une grande fleur sauvage, qui atteste à sa manière l'irréfragable puissance du Dieu Soleil, de l'antique Baal.

Du reste, c'est l'heure où il jette sur ces temples, qui furent élevés en son honneur, tout le reflet de sa face glorieuse, ses plus tendres baisers du soir. A toutes ces pierres aimées, quelles que soient leurs formes, la finesse de leurs traits, la richesse de leurs ornements, quelle que soit la couleur de leur épiderme, qu'elles soient couchées ou debout, il accorde sa magnifique sollicitude. Mais dans ce harem peuplé de beautés, que son amour rajeunit sans cesse, n'y a-t-il pas les sultanes favorites? Les bien-aimées entre toutes, les voilà; ce sont ces six colonnes du grand temple, dominant leurs compagnes de toute leur taille, superbes d'élégance, pareilles comme des sœurs, jeunes malgré les années, que dis-je? malgré les siècles qui ont passé sur leurs fronts sans les faner. Oh! celles-là, le Dieu les distingue; il les fait avancer seules au-devant de lui, il les tient en singulier honneur, il les revêt d'un éclatant tissu des pieds à la tête, il jette sur leur tunique des guirlandes de roses et de pervenches, il cercle leur chevelure d'un bandeau d'or, il les remplit de sa présence et les pénètre tellement de ses mystérieux effluves qu'elles semblent garder encore quelque chose de lui, de sa lumière et de sa chaleur, alors qu'il a disparu derrière le Liban. Maintenant elles se dressent dans la nuit et se consolent en contemplant les étoiles, toujours debout et la tête comme perdue dans les rêves; mais à l'aube prochaine, avec quelle joie elles salueront le retour de l'époux royal, sans lequel elles ne sont que des corps sans âme. Et cela dure depuis seize siècles. Depuis seize cents ans, le soleil s'est levé et s'est couché sur ces pierres, qui lui étaient consacrées, et les a faites à son image. Je me demande si jadis, alors qu'elles étaient toutes jeunes et intactes, elles furent plus belles que maintenant !

Quand on arrive pour la première fois sur l'acropole, toute l'attention est attirée par ces six colonnes géantes; elles vous empoignent de la tête au cœur ; elles sont là comme des reines imposant la tyrannie de leur beauté; tous les autres monuments ont l'air de ramper à leurs pieds et de se faire scrupule d'exercer quelque charme ; et puis, ce sont elles qu'on a vues de loin, sur les routes qui convergent vers l'oasis, des pentes du Liban et de l'Anti-Liban ; ce sont elles qu'on a saluées bien avant d'arriver au terme du voyage, ce sont presque de vieilles connaissances ! Malgré soi, on se fait un peu païen, pour mieux jouir de leur intimité. Jamais de ma vie je n'oublierai ce que j'ai vu de couleurs sur leur longue robe pendant les dix minutes qui ont précédé le coucher du soleil, et pendant les dix minutes qui l'ont suivi. Les magiciennes, elles m'auraient presque fait plier le genou devant Baal !

CHAPITRE VIII

L'esplanade des temples. — Le Temple de Jupiter. — Bonds à travers l'Histoire. — Voir passer le Cortège des étoiles. — En pleine table d'hôte. — Je grelotte. — Invocation à Baal. — Retour du soleil. — De quoi faire fuir les nymphes. — Les trois pierres colossales. — Le Temple circulaire. — La galopade recommence. — Une leçon d'humilité. — Retour à Beyrouth.

L'esplanade des temples est orientée de l'Est à l'Ouest et limitée dans son pourtour par des parapets géants qui forment créneaux et qui ont été élevés au moyen âge par les Arabes, de façon à en faire une enceinte fortifiée. Les matériaux ne leur manquaient pas, les murailles renversées leur offraient des pierres toutes taillées, d'une telle masse qu'il n'y avait qu'à les entasser les unes sur les autres pour former des remparts à l'épreuve de l'artillerie d'alors. Deux grandes cours se succèdent à l'intérieur : la première, à l'Est, était hexagonale, il ne reste que les fondements des murs et quelques niches qui devaient être ornées de statues; un escalier monumental y donnait accès; de cette cour, on passait par un triple portail dans une cour rectangulaire beaucoup plus grande, limitée par une succession de chapelles à six pans et à niches superposées qu'ornaient aussi des statues. Mais si l'ensemble est imposant, il y a dans l'ornementation des détails un tel luxe, un tel amalgame des ordres d'architecture qu'on est forcé d'en reculer la date jusqu'au IIe ou IIIe siècle après J.-C, alors que le grand art cédait le pas à une époque de décadence.

Au centre, une petite élévation marque peut-être l'emplacement d'une basilique chrétienne, car on n'a pas adoré que Baal ou Jupiter en ces lieux; le Dieu de Jésus-Christ y a été proclamé; l'histoire mentionne des évêques d'Héliopolis. Du grand temple, qui occupait l'espace entre les cours et la muraille occidentale, il ne reste que les six colonnes, elles, dis-je, et c'est assez! Elles ont 19 mètres de hauteur, et, pour leur serrer la taille, il faudrait arrondir les bras de 2^m,20. C'est dire qu'aucun mortel ne s'est encore permis cette familiarité... il n'y a que le soleil.

En contre-bas, vers le Sud, en dehors de l'axe des cours et du grand temple, se trouve un édifice beaucoup mieux conservé que tout le reste, mais qui a beaucoup à souffrir du voisinage écrasant des six colonnes. C'est le temple de Jupiter.

Ce qu'il en reste permet de se faire une idée très exacte de l'aspect qu'il offrait dans sa beauté pri-

Baalbek. — Le temple de Jupiter.
(D'après une photographie de M. Jules Calas.)

mitive. Placé à quelques mètres du grand temple, presque à son ombre, il devait en être comme le rejeton. Moins exposé, plus ramassé de formes, plus humble dans son port, il a mieux résisté à la dévastation du temps et des hommes. Comme pour le temple du Soleil et l'acropole elle-même, l'entrée regardait l'Orient, et on y parvenait par des degrés dont les débris jonchent le sol. Pour pénétrer dans la *cella*, on passait sous un portique d'une ornementation riche jusqu'à en être folle. Grâce à M. Burton, qui obtint, pendant son séjour à Damas, comme consul de l'Angleterre, d'étayer par un bloc de maçonnerie le superbe linteau, il ne s'est pas encore produit d'accident. Le mur, certes, n'est pas beau, mais s'il nous conserve ce chef-d'œuvre, soyons-lui indulgent. Ce portique est luxueusement décoré de guirlandes, d'arabesques, de feuillage, de volutes, de grappes de raisins; tout autour de l'encadrement sont des bandes ornées avec une profusion inouïe, qui se superposent les unes aux autres, de manière à donner à l'œuvre l'aspect d'un de ces riches coffrets d'or qu'on ciselait au moyen âge; la pierre ensoleillée ajoute la couleur aux merveilles du ciseau et complète la ressemblance.

Dans la *cella*, qui mesure 28 mètres de long sur 22 mètres de large, c'est la même profusion de sculptures, demi-colonnes cannelées épanouies en feuilles d'acanthe, niches rectangulaires, frises légères comme une dentelle, triglyphes se pressant comme des traits de burin; et toujours vous poursuit cette image du coffret ciselé, mais d'un coffret retourné, dont le minutieux travail se trouve à l'intérieur. Le regard se fatigue à courir sur toutes ces moulures, à sautiller dans toutes ces rainures, à fouiller ces minuscules cavités de la pierre. Le sol inégal est parsemé de décombres qui feraient la gloire de nos musées, et que l'incurie turque abandonne à leur malheureux sort. Naturellement, la voûte, s'il y en eut jamais une, n'existe plus, et le soleil entre en maître par le chemin le plus court.

A l'extérieur, l'édifice était entouré d'une rangée de colonnes corinthiennes, dont plusieurs sont encore en place. Sur le côté Nord qui regarde l'intérieur de l'acropole, les chances de destruction étant moins grandes, le péristyle existe presque dans son entier; à l'Ouest, il y a encore trois colonnes; au Sud, on en remarque une qui, en tombant, a butté contre le mur de la *cella*; dans sa chute elle n'a perdu que son chapiteau, les tronçons qui la composent ont résisté au choc, tant est solide leur assemblage; à l'Est, une portion du Pronaos a survécu, c'est celle qui surplombe le mur d'enceinte. L'espace de trois mètres qui sépare les colonnes du mur de la *cella* est recouvert par un plafond à caissons, qui portent à leur centre des figures en ronde bosse, représentant des empereurs, des impératrices, des dieux et des déesses, que les balles sarrasines ont marqués de la petite vérole.

Visiter les ruines de Baalbek n'est pas une petite affaire; il y faut des jarrets solides et des pieds de montagnards, une élasticité que plusieurs d'entre nous ont perdue; là, c'est une architrave à esca-

Baalbek. — Les ruines.
(D'après une photographie de M. Jules Calas.)

lader, ailleurs il faut jouer au cheval fondu avec une succession de colonnes abattues qui font le dos rond, et, si vous approchez des brèches ouvertes dans les remparts, gare au vertige; pour grimper certains talus, force est de se cramponner aux touffes d'herbe. Mais que toute fatigue est vite oubliée, en présence de telles splendeurs!

C'est surtout l'esprit qui est surmené, ayant à faire des bonds prodigieux à travers le temps et l'espace, pour reconstituer l'histoire de ces temples célèbres et en suivre le cours à travers les âges. Il voit la cité naissante élevée là par les Phéniciens, pour leur servir d'étape commerciale entre les ports de la Méditerranée et l'antique Mésopotamie; puis ces assises colossales, comme celles qui soutenaient le temple de Jérusalem, font songer à ce grand Salomon que la tradition arabe fait intervenir dans les destinées de Baalbek; plus tard, sous les règnes d'Antonin le Pieux et de Caracalla, aux IIe et IIIe siècles, l'acropole se couronne de son diadème de gloire; les colonnes sortent de terre avec la vigueur de jeunes palmiers; les frontons superbes tournent leurs visages recueillis, les uns vers le soleil levant, les autres vers le soleil couchant; les grandes propylées, précédées d'escaliers plongeant dans la verdure, se garnissent aux jours de fêtes sacrées d'un peuple d'adorateurs et de blanches théories de jeunes filles. C'est l'âge d'or de l'acropole, le moment où toutes les pierres sont debout dans leur jeune beauté. Pas une ride, pas une marque de décrépitude; la frondaison des acanthes s'épanouit sur les fidèles qui se pressent dans les sanctuaires; les statues sont en place dans leurs niches brodées, comme des spectateurs au théâtre, et contemplent les cérémonies du culte; les cours immenses répètent les échos des trompettes sacrées. Encore un siècle, et l'encens qui s'élève de la colline ne brûle plus en l'honneur de Baal et d'Astarté, mais en l'honneur de la tendre victime du Calvaire. Avec la domination musulmane, commencent les jours de deuil pour ces monuments qui semblaient destinés aux durées infinies. Ennemis acharnés des idoles et des statues, les Sarrasins ont fait ce qu'ils ont pu pour détruire tout ce qui rappelait les cultes abhorrés; arrachant le socle des temples, ils en faisaient des remparts; sous leurs mains guerrières la cité divine se transformait en forteresse; ils renversaient les colonnes pour s'emparer des tenons de fer et du plomb de leurs scellements; de la hache, ils balafraient les délicates statues et criblaient de balles les figures des dieux. Pendant treize siècles, ils ont travaillé à la mise au tombeau de ces corps, de ces formes qu'avait animés le génie païen; ils n'y ont pas réussi; il en reste toujours, et ce qui survit confond l'imagination. L'avenir, espérons-le, sera plus clément à ces nobles ruines; puissent-elles rester debout pour protester contre la violence et le fanatisme, et saluer un jour l'aurore du Soleil de justice, se levant sur ces contrées!

CHAPITRE VIII

La nuit descend très vite; la plupart des touristes ont quitté les ruines. Je m'attarde, je voudrais rester encore dans le grand silence qui commence, dans cette solitude peuplée d'ombres, devant ces colonnes qui prennent de vagues apparences de fantômes. Quelle fête intellectuelle ce serait de voir passer le cortège des étoiles sur les architraves aériennes! Les choses les plus simples sont souvent les plus impossibles, et par la voûte assombrie je sors comme les autres; la vieille porte turque grince et se referme. Je m'éloigne à regret, enviant les oiseaux qui vont se blottir dans le feuillage des chapiteaux corinthiens et sous les grandes volutes.

De ce monde enchanté, je tombe en pleine table d'hôte, où j'ai à subir des plaisanteries risquées sur la Bible. C'est le genre français; on ne saurait parler religion sans lâcher quelque impertinence sur le compte de Josué et de Jonas, sans faire intervenir Sodome et Gomorrhe. Ce qui n'empêche pas les mêmes esprits de s'extasier devant les bons pères jésuites, qui représentent si bien la France en Orient! Oh! que j'aimerais mieux entendre ce que les colonnes ont à se dire dans la nuit!

Après le repas, je sors un moment; l'oasis est endormie, le village est en plein dans les ténèbres. Je fais quelques pas, et me voilà au désert. Des quelques maisons éparses sur la colline pierreuse, je ne vois que la clarté du foyer qui s'échappe par la porte ouverte, comme des prunelles brillant dans la nuit; des passants attardés regagnent sans bruit leur demeure par les sentiers qui divaguent autour des grandes pierres, et j'éprouve quelque chose de pénible à ne pouvoir mettre mon âme en communication avec leur âme, ne fût-ce que par un petit bonsoir dans leur langue.

A une journée d'une chaleur accablante succède une nuit très fraîche, contre laquelle je n'avais pris aucune mesure. Je ne m'étais pas figuré que je me réveillerais grelottant; c'est pourtant ce qui m'arriva, dans ma chambre d'hôtel. Qu'eût-ce été à la belle étoile? D'un coup d'œil rapide, je vois que j'ai sur le corps toutes les couvertures fournies par l'administration palmyrienne. Il me faut pourtant un supplément de chaleur, ou je vais me pétrifier comme les colonnes. J'invoque Baal; il est aux antipodes; je me rappelle mes années de lycée, alors que j'entassais sur mon misérable grabat ma tunique, mon gilet et le reste; mais, ici, je n'ai à ma disposition que des vêtements d'une légèreté inqualifiable. Ah! j'y songe, j'ai mon cache-poussière, mais il n'a plus un atome du calorique amassé dans la fournaise de la Bekâa. Impossible de dormir; je commence à éternuer; mon cerveau se prend; alors commence à travers la chambre une odyssée lamentable, j'erre de coin en coin, de tiroir en tiroir, à la recherche d'une étoffe quelconque qui puisse s'opposer au rayonnement nocturne dont je suis affligé. Après toute une série de tentatives infructueuses, je mets la main sur quelque chose de moelleux qui me rend l'espoir. Je le déplie en faisant la nique à Phébus... C'est un rideau de croisée, aux couleurs éclatantes, une tenture orientale pur sang; plaise aux dieux d'Héliopolis qu'elle soit pure laine! Je finis ma nuit dans cette riche ornementation.

24 septembre.

Dès la veille, il avait été convenu que le branle-bas serait donné dans l'hôtel aux premières lueurs de l'aube, pour nous permettre de revenir aux ruines et d'assister au spectacle imposant du lever du soleil. Je n'eus pas de peine à me mettre sur pied, d'autant que mon fameux rideau ne m'avait guère réchauffé. Par les ruelles raboteuses, nous descendons dans les bosquets encore tout frais de rosée; nous arrivons sur l'acropole au moment où les temples secouaient leur torpeur et rejetaient les voiles de la nuit, pour saluer l'entrée de Baal. L'heure est d'un charme pénétrant; c'est la vie qui recommence, ramenant partout la joie. Hier soir, c'était l'envahissante mélancolie des adieux; ce matin, c'est l'allégresse du retour. Même symphonie, hier en mineur, ce matin dans le ton majeur. Chaque pierre s'illumine à son tour, depuis les architraves baignées de clartés jusqu'aux stylobates à fleur de terre ; dans tous ces nids d'ombre cachés sous la courbure des feuilles d'acanthe, sous les listels, les denticules et les corniches, un vol d'ailes d'or se précipite de l'Orient. C'est Baal qui, depuis des siècles, reprend chaque matin possession de ses vieux temples. Quand l'invasion du jour est complète, je m'éloigne tout ému. De ces innombrables matins, de ces splendides levers de soleil sur l'acropole, j'en ai vu un seul... et dire que tant de choses banales se répètent à satiété dans la vie ! Je franchis pour toujours la vieille porte turque, il me semble qu'elle retombe sur mon cœur.

Contournant le pied des remparts, je me dirige vers les gigantesques assises qui soutiennent la muraille du côté de l'Ouest. On y arrive par un sentier qui circule au milieu des eaux courantes, sous le dôme des grands arbres. Au-dessus d'eux, on sent passer le Dieu Soleil. Mais dans ce bosquet, à travers les fûts de peupliers où l'on s'attend à voir errer les nymphes, quelle est donc cette masse horrible qui frappe mes regards ? Au milieu de ces senteurs matinales, quelle est cette bouffée d'air fétide qui vous prend aux narines ? A deux pas du sentier, sur le gazon frais, gît une immense carcasse de chameau dont les membres ont été séparés du tronc; de ces amas de chairs en décomposition monte une pestilence dont personne n'a cure. Une de nos dames passe en détournant la tête; il y a bien là de quoi faire fuir les nymphes.

Les fameuses pierres sont là, il y en a trois, et c'est à elles, sans doute, que le temple dut son nom de *Trilithon*. Jamais l'homme ne fit entrer pareilles masses dans la construction de ses monuments. Les ouvriers de l'époque ont mis une certaine coquetterie à montrer ce dont ils étaient capables, car, au lieu de placer ces blocs gigantesques au ras du sol, ils les ont hissés à six mètres. Par quels moyens? on ne le saura jamais. Elles en ont vu passer, des générations humaines, et elles sont aussi fraîches que si elles sortaient de la carrière. Notre durée d'un jour ne compte pas pour elles; devant leur sérénité qui défie les siècles, je ressens plus vivement le néant de ma durée.

Revenant sur nos pas, nous remontons vers le village pour visiter un petit temple circulaire enchevêtré dans des constructions modernes. Pour arriver jusqu'à ce petit bijou, il faut traverser une maison d'indigène qui n'a rien d'artistique, ni de propre; ce n'est pourtant pas l'eau qui manque: un ruisseau traverse la cour et baigne le pied du charmant édifice. Un péristyle de huit colonnes corinthiennes lui fait comme une ceinture de vierges élancées, dansant une ronde antique et gracieusement reliées par des guirlandes. Sur la tête, elles portent en diadème un fronton sculpté qui ajoute à leur noblesse. C'est comme une feuille arrachée aux grandes fleurs de pierre de là-haut, et tombée sur le bord du ruisseau.

Le petit temple aurait servi autrefois au culte de l'Église grecque, ce qu'indiqueraient des restes de croix à l'intérieur de la *cella*. Sur ce coin de terre, que de religions se sont succédé, depuis les cultes de la nature chers aux peuples de l'Asie, le gracieux polythéisme des Grecs, le christianisme austère de la primitive Église, jusqu'au sombre monothéisme des Turcs! Et ces ruines témoignent que leurs partisans se sont donné là de furieux assauts.

Le temps viendra-t-il que les vrais adorateurs y adoreront le Père en esprit et en vérité?

Mais voici l'heure du rendez-vous pour le départ. Devant l'hôtel de Palmyre, les attelages de la veille offrent le plus pittoresque coup d'œil. Chacun retrouve, ou à peu près, sa carriole, ses compagnons et ses poussiéreux coussins. Nos braves chevaux, refaits par une nuit de repos, attaquent avec courage la longue route du retour, et la galopade reprend, pendant que nous jetons derrière nous des regards attristés sur les hautes colonnes. Salut pour toujours, belles ruines dressées sur la tombe du paganisme. Puissiez-vous être relevées un jour à l'honneur du Dieu trois fois saint, car, malgré toute la poésie qui émane de vos fûts brisés, de vos architraves renversées, de vos frontons dévastés, l'âme humaine a plus soif de vie que de mort. Salut à toi aussi, soleil, vieux Baal, et merci pour la courtoisie avec laquelle tu nous as fait les honneurs de tes sanctuaires!

Parvenu à un kilomètre environ de la ville, le cortège s'arrête, et nous descendons de voiture pour aller visiter la carrière d'où ont été extraits les blocs qui sont entrés dans la construction de l'acropole. Partout ce sont de profondes excavations, sur lesquelles le temps a répandu une couche de terre; mais on voit encore quelques restes de ces pierres taillées, destinées à prendre place dans les édifices voisins. Deux d'entre elles sont debout, côte à côte, comme deux sœurs jumelles qui ont passé ensemble une vie plusieurs fois séculaire, tandis qu'une autre à demi enfouie dans le sol se soulève par une de ses extrémités, comme dans l'attente d'une destinée plus glorieuse, d'une résurrection prochaine. Hélas! quelle main serait assez puissante pour la relever? qui serait capable de dire à ce nouveau Lazare: *sors de là?* Il n'y a pas, sur toute la terre, de pierre taillée qui atteigne de pareilles proportions. En longueur elle mesure 21m,35, en hauteur 4m,33, en largeur 4 mètres. Son volume est de

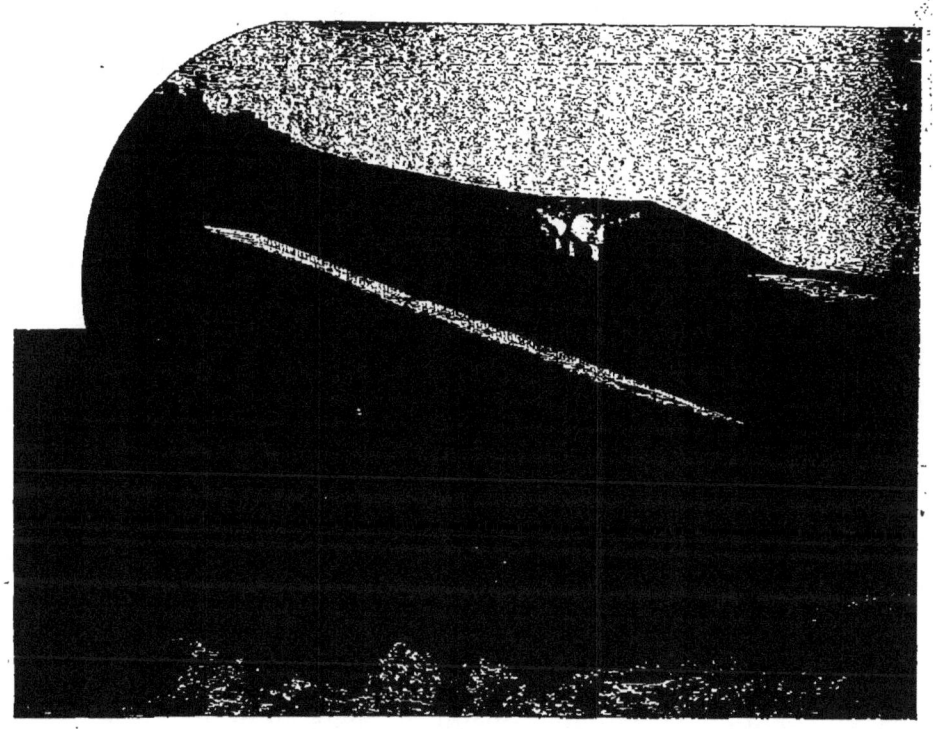

Baalbek. — « Pierre de la grossesse ».
(D'après une photographie de M. Jules Calas.)

370 mètres cubes, et l'on évalue son poids à 30,000 tonnes[1]. Il n'y a pas de danger qu'on y touche; il est encore à naître, le touriste qui lui mettra la main

[1] *La Syrie d'aujourd'hui*, par L. Lortet. « Tour du Monde », XLIVe vol., p. 392.

dessus pour l'ajouter à ses collections, ou l'entrepreneur qui lui fera faire quartier. En attendant, je m'accorde la petite satisfaction d'aller me placer à ses côtés pendant que mon frère en prend une vue photographique qui me donnera, pour le reste de mes jours, une leçon d'humilité.

Après avoir présenté mes plus respectueux hommages à la *pierre de la grossesse*, je regagne mon véhicule, dont le cocher s'impatiente pour ne pas être en queue. Déjà les plus pressés sont partis; moi, je m'attarderais volontiers. Mais, je vous le demande, dans quelle circonstance de votre vie avez-vous fait exactement ce que vous vouliez et rien que ce que vous vouliez? Il y a toujours quelque chose en travers de la volonté, tantôt c'est un grain de sable, tantôt une montagne.

A peine étions-nous assis que le drôle nous arrache sans pitié à la *pierre de la grossesse* et aux six colonnes toujours visibles, mais dont la taille s'amincit de plus en plus. Puisqu'il n'y a pas moyen de te faire entendre raison, barbare, va donc, et donne-nous, en face de ces ruines gréco-romaines, quelque chose des émotions de la course aux chars.

Sur la route houleuse, nous voguons en proie à de formidables coups de roulis, que varie le tangage des sillons, quand nous prenons à travers champs. C'est la deuxième édition du voyage de la veille;

mais la confiance est venue, nous avons moins peur d'y laisser nos membres, aussi la jouissance est plus franche. Quelques-uns de nos jeunes touristes ont imaginé de louer des chevaux de selle, pour se payer une fantasia. Au départ, tout va bien, ils papillonnent autour de nos guimbardes et semblent un peu nous prendre en pitié d'être incapables de jouer au bédouin. Mais au bout du deuxième kilomètre la selle arabe commence à se faire sentir; au troisième, les visages ruissellent et donnent des signes de déplaisir; au quatrième, on ralentit l'allure comme pour faire souffler la bête; au cinquième, on abandonne le coursier sur la route, d'où il reviendra à l'écurie. L'un des cavaliers m'avouait, en arrivant à Marseille, que le souvenir de la terrible chevauchée le suivait toujours.

Entre les hautes murailles du Liban et de l'Anti-Liban, le soleil, qui monte en plein ciel, laisse tomber toute l'ardeur de ses rayons et donne aux moindres détails du paysage un coloris intense. Je revois encore, sur le bord du chemin, un chiffon bleu, perdu par quelque misérable passant; pauvre guenille qu'on n'aurait pas touchée du bout du doigt, de quel bleu profond, splendide, royal, te revêtait alors le soleil! J'en ai régalé mes yeux tant qu'il a été visible pour moi. On ne saurait se figurer la libéralité avec laquelle le soleil d'Orient prête aux objets les plus insignifiants une partie de ses trésors de lumière et d'éclat. En aucun pays du monde, les choses ne sont plus délabrées, plus fanées, plus vieilles, et nulle part elles ne paraissent plus riches, plus merveilleuses, plus resplendissantes. Témoin, mon chiffon bleu!... Je m'en serais détourné avec dégoût sous d'autres cieux.

Vers midi nous approchons du terme de la course; nous laissons Zahlé à notre droite, à l'entrée d'une gorge qui se creuse dans les flancs du Liban. Les toits plats, qui s'étagent à droite et à gauche de la traînée de verdure marquant le fond du vallon, donnent l'idée d'un livre ouvert à deux pages soulignées. Bientôt la vue de la station banale, avec sa balustrade comme il y en a partout, nous précipite dans la vulgarité des choses d'Occident; comme compensation nous y trouvons un excellent déjeuner. De tous les apéritifs connus jusqu'à ce jour, les routes turques étant les meilleurs — Garçon! — Voilà! — Donnez-moi cinquante kilomètres sur la route de Baalbek. — Monsieur, nous n'avons pas cette marque, adressez-vous à la *Revue générale des sciences.*

Nous avions encore le dernier morceau à la bouche, que déjà le train sifflait. Cette précipitation qui scande tous vos mouvements et vous laisse à peine la place pour un soupir, c'est le côté faible de ces expéditions en bande. Ça manque de points d'orgue !

Nous escaladons le Liban en sens inverse, et notre train se hisse péniblement sur la pente dévalée naguère à toute vapeur. Nous pouvons admirer à loisir ce qui avait défilé à l'aller avec la rapidité de l'éclair. Parfois, la voie ferrée s'avance côte à côte avec la route postale entreprise par le comte de Perthuis, et, pendant quelques instants, on peut jouir du contraste entre notre file de wagons et une file de chameaux qui passe. Cela représente un écart de 4000 ans. Au temps d'Abraham, elles devaient ressembler à celles-là, les caravanes qui transportaient les patriarches, leurs fiancées et leurs trésors. Dans cet Orient, où rien ne change, les scènes d'aujourd'hui vous donnent le plus aisément du monde la vision des âges primitifs; c'est le plus grand charme d'un voyage dans ces contrées; on remonte le cours des siècles sans effort.

Au moment où nous franchissons le col pour redescendre vers Beyrouth, nous sommes enveloppés d'un nuage qui s'effiloche sur les âpres sommets et traîne ses immenses volutes dans les ravins. Quelques mètres de montée ont plus fait pour nous donner la sensation de la froidure que sept ou huit cents kilomètres vers le Nord. Il semble

CHAPITRE VIII

que la Nature ait voulu nous faire mieux jouir du coup de théâtre qui nous attend quand, au sortir du brouillard, nous voyons s'épanouir à nos pieds l'éventail bleu de la Méditerranée et la ligne gracieuse du rivage. Par les innombrables lacets de la voie qui touche aux endroits les plus intimes de la fière montagne, nous nous laissons glisser jusqu'à ses pieds, où nous rendons un dernier hommage à sa surnaturelle beauté.

Le soir, aux derniers rayons du soleil qui plaquaient d'or la mâture du « Sénégal », nous reprenions possession de notre navire, toujours plus cher après chaque absence. La rade est de toute magnificence, la ville élève ses gradins derrière nous, face au couchant, qui verse sur elle toute sa palette. Je revois la terrasse de mon marchand de limonade et j'entends encore l'expression de sa sympathie tarifée : Moussu, c'est deux francs. — Allons donc, c'est pour rien !

Quelques touristes rentrent sur le « Sénégal », escortés d'une paire de jésuites qui, avec leur obséquiosité calculée, jettent de droite et de gauche de grands coups de chapeau, accompagnés de révérences comme eux seuls savent en faire. Notre société catholique s'empresse autour d'eux; ne partageant pas cette admiration pour un ordre qui est l'ennemi mortel de la liberté politique et religieuse, je me tiens à l'écart pendant qu'on les régale de champagne. Malgré le mot de Gambetta, je ne puis m'empêcher de penser que ce n'est pas avec ces articles d'exportation que la France réussira à établir d'une manière durable son influence en Orient et ailleurs. Certes, je ne doute pas du zèle de ces messieurs, de leur science, de leur savoir-faire, et pourtant... que voulez-vous ? Quand on les a suivis à travers l'histoire, quand on les a vus à l'œuvre, quand on est témoin chaque jour de leur haine noire contre toute idée libérale, une certaine méfiance est permise. Si j'entonnais un hymne en l'honneur des jésuites, moi, *parpaillot* de vieille date, vous suspecteriez ma sincérité. Je préfère vous dire tout de suite que la rencontre de ces hommes noirs ne me fait pas tomber en pâmoison.

CHAPITRE IX

Une nuit en mer. — Élie le prophète. — Élisée. — Haïfa. En rade de Jaffa. — Isolement d'Israël. — Débarquement. — La terrible mâchoire. — Je foule la Terre-Sainte. — Croquis d'Orient. — Les deux extrêmes. — Le ciel du bon Dieu. — A la gare. — *Mater dolorosa*.

Le jour, c'est nous qui marchons, qui naviguons, qui courons à bâbord et à tribord; la nuit, c'est le tour du « Sénégal ». Pendant une dizaine d'heures, il va longer la côte de l'ancienne Phénicie et de la Palestine, pour nous amener, au matin, en face du port de Jaffa. Sans qu'il nous soit donné de les voir, nous passerons devant les sites de ces villes célèbres qui furent Tyr et Sidon et dont les hardis marins se firent les convoyeurs, jusqu'aux extrémités du monde connu, des idées, des arts, des produits industriels de l'Égypte et de l'Assyrie. Sur ces mers, aujourd'hui encore très animées, se croisaient sans cesse les navires chargés d'objets précieux, d'étoffes, de poteries que les Phéniciens allaient déballer sur les plages des îles lointaines, de la Grèce, de l'Afrique, de l'Italie et de l'Espagne. Ils revenaient, ces navires de Tharsis dont parle l'Écriture-Sainte, les flancs alourdis de fer, d'étain et d'argent, que les habiles ouvriers du pays transformaient en armes de guerre, en parures, ou en ustensiles employés dans la vie domestique. Grâce à eux, il se faisait un échange constant entre l'Orient et l'Extrême-Occident; ils furent les initiateurs de la civilisation sur tout le pourtour de la Méditerranée, non parce qu'ils furent les inventeurs d'un art particulier, mais parce qu'ils se firent les courtiers maritimes entre les producteurs et les consommateurs.

En Phénicie, se concentraient les produits artistiques et autres qui venaient de l'Égypte et de la Chaldée; de là, après avoir subi une transformation ou, tout au moins, une adaptation, ils repartaient sur les navires de Tyr et de Sidon pour approvisionner Grecs et Barbares. A en croire les historiens, les Phéniciens auraient même pratiqué le bibelot.

Doués d'un esprit pratique, ils prospérèrent merveilleusement et rassemblèrent dans leurs villes principales d'immenses richesses; on a pu les appeler avec raison les Anglais de l'antiquité. Qui ne sait que Hiram, roi de Tyr, fut l'ami de Salomon et qu'il lui fournit le bois de cèdre et de cyprès nécessaire à la construction du Temple? Sur ces eaux que nous fendons au milieu de la nuit, ils ont passé, ces radeaux portant les trésors du Liban vers les plages méridionales, où on les déliait pour les amener jusqu'à la cité sainte (1 Rois, V).

Je m'étais promis de veiller pour apercevoir les feux du phare qui couronne le Carmel, mais, vaincu par la fatigue, j'avais regagné ma cabine. J'aurais eu encore plus de regrets de passer si près de ce lieu célèbre à tant d'égards, sans aller saluer d'un cœur ému le souvenir des grands Prophètes d'Israël.

Tout d'abord, c'est Élie convoquant sur la montagne les quatre cent cinquante prêtres de Bahal, pour engager avec eux une lutte morale, dans laquelle la victoire devait appartenir au vrai Dieu. Quel est le chrétien un peu familier avec nos Saints Livres, qui ne se rappelle cette scène grandiose? Sur le Carmel un autel sera dressé par les prêtres de Bahal; la victime sera mise en pièces et placée sur le bois du sacrifice pour y être consumée. Élie seul, prophète de l'Éternel, fera les mêmes préparatifs, dressera autel contre autel. Le peuple se tiendra tout autour, comme témoin de ce duel d'un nouveau genre. Voici les conditions: aucun des deux adversaires ne mettra le feu au bois de son autel, et pourtant il faut qu'il brûle. L'arme choisie, c'est la prière. Les quatre cent cinquante prêtres de Bahal demanderont à leur Dieu d'enflammer son autel. Élie fera de même, en s'adressant à son Dieu. Celui qui répondra par le feu sera le vainqueur. De part et d'autre on tombe d'accord. Avec la plus extrême courtoisie, Élie dit aux prêtres de Bahal: Messieurs, vous êtes les plus nombreux, à vous de commencer! Et aussitôt de ces quatre cent cinquante bouches, dès longtemps rompues aux vaines redites et aux interminables litanies, montent vers la voûte bleue ces mots qui vont se perdre dans les airs: *Bahal, exauce-nous! Bahal, exauce-nous!* Et Bahal est là en plein ciel, dardant ses rayons brûlants sur les hauts lieux de la montagne; on dirait qu'il n'a qu'un léger effort à faire pour se communiquer au bois sec. Certes la persévérance ne leur manque pas; depuis le matin ils s'égosillent, les malheureux. *Bahal, exauce-nous!* déjà il est midi, Bahal est dans toute sa force, mais il est impuissant à mettre le feu à l'holocauste. Élie ne peut retenir sa joie, à la pensée que son peuple reconnaîtra enfin son erreur, et, se tournant vers ceux qui ont fait pécher Israël, il leur dit, avec une sanglante ironie: Mais criez donc, criez plus fort! votre Dieu ne vous entend pas, il pense à autre chose, il est peut-être en voyage, il dort peut-être, vous le réveillerez. — Les cris redoublent; dans leur délire, ces pauvres prêtres vont jusqu'à se taillader les chairs avec des couteaux et des lancettes; enfin, de guerre lasse, ils abandonnent la partie. Et maintenant c'est à Élie de prendre l'offensive. Pour rendre l'expérience plus décisive, il accumule les difficultés; au bois il ajoute des pierres, douze selon le nombre des tribus; par trois fois, il inonde l'autel et le bois, l'eau ruisselle de partout; si le feu prend, ce ne sera pas l'effet d'une combustion spontanée. Alors, levant les yeux, non pas vers le soleil qui inclinait déjà à l'Occident, mais vers ce Dieu invisible et tout-puissant qu'il apercevait par la foi derrière le pavillon des cieux, il prononça cette vibrante prière, qui sonne déjà comme le clairon de la victoire : « O Éternel, Dieu d'Abraham, « d'Isaac et d'Israël, qu'on sache aujourd'hui que « tu es Dieu en Israël, que je suis ton serviteur et « que j'ai fait toutes ces choses par ta parole. Ré- « ponds-moi, Éternel, réponds-moi, afin que ce « peuple reconnaisse que tu es l'Éternel Dieu et « que c'est Toi qui ramènes leur cœur. »

Alors le feu de l'Éternel tomba, consuma l'holocauste, le bois, les pierres et la poussière, et il absorba l'eau qui était dans le fossé.

Tout le peuple, voyant cela, se prosterna le visage contre terre et dit : « C'est l'Éternel qui est Dieu, c'est l'Éternel qui est Dieu ! » Devant cette repentance de son peuple, l'Éternel fit miséricorde, et la sécheresse qui désolait le pays prit fin (1 Rois, XVIII).

Sur le Carmel, Élisée, le successeur d'Élie, avait fixé sa résidence. C'est là que la Sulamite lui raconta sa douleur et le supplia de venir à sa maison rendre la vie à son cher petit garçon, qui avait prit mal aux champs et était mort sur ses genoux (2 Rois, IV).

Quand le Carmel me rappelle de pareils souvenirs, je vous demande ce que cela peut bien me faire que l'Ordre des Carmes y ait pris naissance au commencement du XIIIe siècle, que saint Louis ait visité le fameux couvent de Notre-Dame en 1252, et que Napoléon ait cru devoir aller se promener jusque-là. Je plains les quelques enfants de la France qui y ont laissé leurs os, pour satisfaire l'ambition du tyran qui nous a fait payer cher un peu de gloire militaire.

Le promontoire du Carmel rompt la monotonie de cette côte de Beyrouth jusqu'au Ouadi-el-Arîsch, l'ancien torrent d'Égypte, dont parle l'Ancien Testament. Alors que toutes les lignes de la contrée, chaînes de montagnes, littoral, collines et vallée du Jourdain, s'en vont dans un parfait parallélisme du Nord au Sud, le Carmel, dans un accès de contradiction, leur fausse compagnie, pour pousser sa pointe dans une direction tout opposée et s'engager dans la mer, comme une colossale jetée de 552 mètres de haut. L'anse ainsi formée est le meilleur abri offert aux navires. La ville de Haïfa s'élève sur les pentes inférieures de la montagne et doit à sa position une prospérité grandissante, qui se développera toujours plus, surtout si le chemin de fer, qui doit s'enfoncer dans l'intérieur du pays, devient enfin une réalité.

C'est dans ce port que l'empereur Guillaume a débarqué lors de son récent voyage en Palestine; il y a trouvé une colonie allemande très prospère, qui compte près de 600 membres et qui s'efforce de montrer tout le parti que peut tirer du sol une culture intelligente et persévérante. Il y a lieu de penser qu'une influence qui s'exerce sous cette forme sera plus réelle et plus durable que celle qui consiste à exporter certains produits funestes, dont la malheureuse Espagne n'a récolté que des déboires. Haïfa possède une paroisse évangélique munie d'un pasteur, d'une chapelle et d'une école, et, quoi qu'on en ait dit, on ne peut que se réjouir de voir le libre examen s'affirmer en Terre-Sainte. Il serait vraiment douloureux de penser que les lieux où a été annoncé pour la première fois le Dieu en esprit et en vérité fussent condamnés éternellement à l'ignorance, au formalisme et à l'erreur.

Plus loin, nous passons encore devant une ville célèbre, dont les remparts détruits et l'enceinte déserte proclament l'irrémédiable ruine, la fameuse Césarée, d'où Paul s'embarqua pour Rome.

25 septembre.

Enfin, dès les premières heures du jour, le «Sénégal» jette l'ancre devant la ville de Jaffa, où débarquent les voyageurs qui se dirigent sur Jérusalem. Sur le ciel, où monte la clarté, se détachent les constructions en amphithéâtre de la ville et la ligne brisée qui les couronne.

Alors se fait visible à mes yeux cet isolement providentiel dans lequel fut appelé à vivre le peuple élu. Dieu, qui l'avait séparé du reste des nations pour lui donner une mission toute spéciale au point de vue religieux, avait pris soin de lui assigner pour demeure une terre inabordable de tous côtés. Non qu'elle soit fermée comme une place forte; au contraire, sauf au Nord, où le Liban lui fait un fond de muraille, elle est ouverte de partout, mais ouverte à l'Est et au Sud sur des mers de sable presque infranchissables et à l'Ouest sur une autre mer, dont l'accès lui est presque interdit, tant la côte qui lui sert de seuil est malveillante aux navires. Cette même Méditerranée, qui avait fait des Phéniciens le peuple le plus répandu de la haute antiquité, grâce aux excellents ports qu'elle se creuse et dont les plus célèbres furent Tyr et Sidon, renfermait chez eux les Israélites, derrière un cordon indéfini de plages basses et jaunâtres. Géographiquement tout autant que moralement, ce peuple avait été mis à part. Les grandes routes de communications internationales le laissaient de côté et ne sollicitaient pas son activité extérieure. Forcé à se replier sur lui-même, il pouvait plus facilement se soustraire à la corruption des peuples païens, avec lesquels il lui était difficile d'entrer en contact.

Je sais bien que, dans l'enceinte même du domaine que Dieu lui avait attribué, il était sans cesse aux prises avec les peuplades qui occupaient le sol avant son arrivée, et que plus d'une fois il se laissa entraîner vers les idoles cananéennes. Mais l'Éternel pourvoyait à son relèvement en lui suscitant ces hommes à la parole enflammée qu'on appelle les Prophètes et qui le ramenaient aux pieds des autels du vrai Dieu. C'est sur cette terre vraiment sainte que ce peuple privilégié est arrivé à la plus haute conception religieuse, en proclamant l'unité de Dieu, la vanité des rites et des sacrifices, l'excellence de la justice et la nécessité de l'obéissance à la volonté d'En-Haut.

Soumis à de rudes épreuves, à des déchirements sans pareils, il s'est servi de ses malheurs pour s'élever toujours plus vers ce spiritualisme, qui devait trouver son couronnement dans cette parole du Christ : « *Dieu est esprit, et il faut que ceux qui l'adorent, l'adorent en esprit et en vérité.* »

Avec le christianisme naissant, finissent le monde antique, les religions nationales et particulières ; le Fils de Dieu appelle à Lui tous les hommes et proclame la religion universelle. De cette petite terre sévère, hachée de ravins et de montagnes, il ne nous est venu aucun chef-d'œuvre d'art, aucun monument comparable aux temples d'Égypte, aux palais de Ninive ; son fameux temple ne fut qu'une imitation des modèles créés sur le Nil et sur l'Euphrate ; mais elle nous a laissé quelque chose de meilleur, l'expression la plus parfaite du sentiment religieux. Ce petit peuple auquel l'antique Loi interdisait les images taillées, n'a fait parvenir jusqu'à nous aucune de ces statues merveilleuses qui enchantaient la Grèce. Mais il nous a donné Jésus-Christ, la *splendeur de la gloire de Dieu, l'image empreinte de sa personne,* et cela suffit pour que cette terre et le peuple qu'elle a nourri aient une place unique dans l'histoire de l'humanité.

Que la Palestine soit difficilement accessible par mer, nous allons en faire l'expérience. Jaffa est le port de Jérusalem. De Haïfa, au pied du Carmel, jusqu'au torrent d'Égypte et au delà, c'est le seul vers lequel cinglent les paquebots modernes, et quand ils y arrivent, ils n'ont d'autre ressource que celle de lâcher leur ancre en pleine rade, ouverte à tous les vents. Malheur à l'imprudent qui oserait s'approcher à moins de cinq ou six cents mètres de la côte, il se déchirerait les flancs sur les rochers que la nature a placés là comme des défenses sous-marines.

La grande houle qui vient du large exerce tout son effort dans cet angle rentrant que forment à leur intersection les côtes d'Égypte et de Palestine; la mer y est sans cesse agitée, et le voyageur qui avance sur ces eaux se demande toujours avec inquiétude s'il pourra mettre pied à terre. Quand le temps est très beau, le débarquement est possible; pour peu que le vent souffle, il est difficile; par les gros temps il est impossible, et comme à l'impossible nul n'est tenu, le capitaine va vous déposer soit à Beyrouth soit à Port-Saïd, d'où il vous est loisible de tenter à nouveau l'aventure. Vous voyez d'ici les entraves dont souffre le commerce, et la série d'ennuis dont est menacé le touriste. Il serait facile d'améliorer le port, d'élargir la passe de façon à permettre en tout temps l'accès des navires, mais le *sultan rouge* a bien d'autres chats à fouetter ! Un projet est à l'étude, paraît-il; avant qu'il ait fait le tour de tous les ronds de cuir de la Sublime Porte, il passera de l'eau sur les écueils de Jaffa.

Entre le point où mouillent les vapeurs et les quais assez primitifs de la ville, s'étend une ligne de rochers au travers desquels il faut passer, bon gré mal gré ; à les contourner par le nord, on donnerait contre des bancs de sable. Au lieu d'un sourire, le port hargneux montre les dents ; d'une colossale gencive posée à plat sur le fond de la mer jaillissent d'horribles chicots noirâtres, corrodés, dépareillés, noyés dans une incessante écume ; à ce formidable râtelier manquent deux ou trois incisives ; c'est par cette brèche peu engageante que nous allons pénétrer, en plusieurs bouchées humaines. A peine le « Sénégal » est-il accroché à son ancre, que nous voyons accourir une flottille de robustes embarcations, montées par de non moins robustes gars, vociférant et gesticulant à qui mieux mieux. Le point de ralliement est le bas de notre échelle ; il y a là un grouillement indescriptible, un balancement de barques, de rames, de faces noires, une cohue d'hommes et de choses, sous laquelle disparaît le brillant des eaux ; les coques montent et descendent au gré de la vague, violemment heurtées les unes contre les autres, et viennent se ranger contre les flancs de notre navire. Les matelots, debout sur les lisses et les bancs de leurs canots, ont des attitudes de forbans à l'abordage et tendent vers nous leurs bras, comme des grapins de bronze. Le chapelet humain descend le long du bord lentement, avec

Rade de Jaffa. — Au fond la terrible mâchoire.
(D'après une photographie de M. d'Allemagne.)

précaution, sans regarder l'abîme, et tombe grain après grain dans le vide. Le difficile est de saisir la seconde exacte pendant laquelle le dos de la vague soulève la barque jusqu'au premier échelon, car l'instant qui suit creuse un précipice sous vos pieds;

Je me hâte de dire que le plus simple est de se lancer au petit bonheur, et alors on est saisi par des paumes vigoureuses qui vous déposent en lieu sûr. Entre le moment où vous lâchez votre point d'appui et celui où vous arrivez à destination, vous éprouvez quelque chose de pénible, la tête vous tourne, vous vous croyez perdu ; vous êtes un peu comme le volant entre deux raquettes. Rien à craindre, tant ces hommes sont habiles à saisir la balle au bond. Quand son chargement est complet, chaque embarcation s'éloigne à force de rames. Alors commencent d'autres émotions ; vous avez devant vous la terrible mâchoire vers laquelle vous bondissez sur la crête des lames; la mer déferle avec furie sur le seuil des brisants que vous allez atteindre; les matelots, penchés sur leurs avirons, marquent la cadence d'une chanson sauvage, et vous les regardez dans le blanc des yeux pour voir si vous pouvez vous fier à eux. Les malins profitent de votre état d'intimidation pour laisser flotter leurs rames, juste avant d'atteindre les dangers; vous les frôlez, et la barque distraitement conduite, semble emportée vers les roches. C'est le moment du bakhchîch! Puis, à un signal du barreur, les muscles se tendent de nouveau, l'attention est en éveil, on guette la lame, et quand elle passe sous la quille, l'homme en profite pour joindre son effort et franchir l'étroite passe ; à portée de la main, on voit la vague s'effondrer à droite et à gauche et courir comme une possédée sur les dalles rocheuses, avec des fusées d'écume et des dénivellements qui donnent le vertige. Le danger est passé, la mer est calme et limpide, on en voit le fond.

Il y a quelques années, une barque qui transportait des pèlerins russes fut trop tard ressaisie par les rameurs et alla se briser sur les écueils ; la plaisanterie avait duré quelques secondes de trop. Les malheureux passagers furent tous noyés, tandis que les bateliers s'en tirèrent à merveille, une des premières conditions pour faire ce dangereux métier étant de nager comme un poisson. Encore une vigoureuse empoignée de ces amphibies, et me voilà sur le quai de Jaffa. Un de mes rêves est accompli : je foule la Terre-Sainte.

Qui ne s'est dit, une fois ou l'autre, qu'il aimerait bien voir cette terre privilégiée où se sont déroulées tant de scènes qui lui sont familières. Marcher sur ce sol sacré où Abraham a marché, où Rachel a marché, où Jésus a marché ; gravir cette montagne des Oliviers dont chaque pierre nous semble crier l'agonie de la Croix ; découvrir au détour d'un sentier cette Jérusalem sur laquelle les exilés de Babylone se lamentaient en disant : « *Si je t'oublie, Jérusalem, que ma droite s'oublie elle-même* », sur laquelle Jésus, à son tour, pleurait en s'écriant : « *Jérusalem, Jérusalem, combien de fois ai-je voulu rassembler tes enfants, comme une poule rassemble ses poussins sous ses ailes* » ; il y a là de quoi faire tressaillir l'âme.

On rêverait d'atteindre la Terre-Sainte par quelque moyen surnaturel, de descendre d'un chariot de feu, d'être mystiquement déposé par des ailes d'anges. Et voilà qu'on aborde à Jaffa dans une bousculade infernale, sur cette mer toujours houleuse, où l'on devient la proie de ces bateliers criards et pillards, qui vous font franchir la barre d'écueils, en ayant tout l'air de vouloir vous y briser. Oh! les ailes d'anges du rêve, ce sont les rames de ces démons; le chariot de feu, c'est la lourde barque enveloppée d'embruns. Et cette terre, que l'on voudrait fouler avec respect, à peine effleurer dans une marche idéale, comme des pas de bienheureux, on est forcé de s'y cramponner brutalement, pour ne pas glisser sur les ordures des quais gluants et des rues infectes. J'ai le sentiment douloureux d'accomplir une profanation à laquelle je ne puis me soustraire; dans cet atterrissage bruyant et mouvementé sombre le recueillement, la première et la plus délicieuse émotion qu'on s'était promise. Oh! je voudrais prendre mon cœur et le frapper de verges pour être resté insensible à cette réalité : Tu bats sur la terre du Christ. — Dans ce récit je m'engage à la plus entière franchise, la voilà : Je ne sens rien, je n'éprouve rien. Sur les rochers désolés du cap Nord, je serais tombé à genoux ; ici, je défends ma valise contre un portefaix qui a l'air d'un jeune brigand ; au lieu de comprimer les battements de mon cœur, je serre ma montre contre ma poitrine.

La seconde difficulté d'un débarquement à Jaffa, c'est de traverser le large bâtiment de la douane en esquivant les formalités toujours agaçantes de cette institution qui fleurit, hélas ! dans tous les pays que l'on veut bien appeler civilisés. En Turquie, il y a un moyen infaillible de passer la tête haute, c'est d'avoir la main au gousset, pour en tirer, au bon moment, un pourboire qui aura pour effet de frapper d'un aveuglement subit monsieur l'employé. Je le savais, j'étais paré. Je m'avance, suivi du *boy* indigène qui portait mon sac. Au moment où j'allais subrepticement glisser ma pièce dans la main du douanier, leste comme l'éclair, mon gamin s'en empare en me faisant force gestes pour me démontrer que mon argent est en bien meilleures mains dans les siennes que dans celles de l'autre. Personnellement, je n'ai pas de préférence. Pour la seconde fois je viens d'échapper au danger, la seconde ligne d'écueils est derrière moi.

Je n'ai plus qu'à me livrer aux impressions toutes nouvelles qui m'attendent.

Nous enfilons, en bande, la rue qui s'ouvre devant nous. Bien curieuse, cette rue, elle touche à la mer; du côté de la ville, elle est limitée par de gigantesques murailles qui servent de support aux étages d'un couvent grec; en face, se dresse un immense parapet qui borne toute vue et protège les passants contre les furieux assauts des vagues; elle traverse le bazar, avec sa double et pittoresque rangée de boutiques, d'étalages, d'assortiments de toute provenance. La lumière intense qui règne dans les hauteurs de l'atmosphère arrive tamisée par les nattes et les tentures fripées, qui forment voûte au-dessus du pavé; mais elle prend d'éclatantes revanches par les déchirures de la toile, et là où elle tombe, elle fait des brûlures de lentille. Dans la fraîcheur de l'ombre, c'est un va et vient de bêtes et de gens qui trottinent et piétinent au milieu de tas d'oranges vertes, de melons, de pastèques, de concombres et de bananes. Toutes les races humaines se coudoient dans ces ruelles engorgées, mais surtout celles qu'impitoyablement rôtit le soleil : les noires, les bronzées, les mordorées, les olivâtres ; et puis, quels contrastes ! A côté d'un homme planté comme un héros et beau comme une statue, voici un être rabougri et

CHAPITRE IX

déformé, mangé par la lèpre, aux paupières sanglantes qui attirent les mouches, avec, tout au fond, des prunelles mortes d'un blanc laiteux ; là, c'est un chef sur lequel resplendit la dignité humaine ; là, c'est un pauvre hère accroupi dans l'ordure et voisin de la bête. L'âme est comme martelée entre deux impressions contraires qui la frappent presque en même temps et à tour de bras : Que c'est beau ! que c'est horrible ! — que c'est noble ! que c'est hideux ! — quels parfums étranges et pénétrants ! quelle puanteur mortelle ! — Ailleurs, on peut se ménager des transitions et amortir les heurts trop violents ; en Orient, pas de degrés, pas de ménagements, pas de transitions, il n'y a que les deux extrêmes.

Mon bagage court devant moi, emporté par mon jeune coquin ; je suis obligé d'avoir toujours un œil sur lui. Voyez ce qui me reste pour faire face aux exigences du spectacle infiniment divers qui s'offre à moi ; c'est à en devenir fou. Et je marche toujours, haletant, sur le pavé perfide, semé de peaux d'oranges et de pastèques, et de bien d'autres choses de moins végétale nature.

Quel supplice, dites ! détacher à tout instant ses regards de mille objets nouveaux tout chatoyants de lumière orientale, de tableautins vivants qui sont de purs chefs-d'œuvre, pour les porter sur la basane archi-connue d'une vulgaire valise, non pas qu'elle soit à aucun degré une succursale de la Banque de France, mais enfin parce que je tiens aux articles de première nécessité qu'elle renferme.

Au sortir du bazar, nous voilà débarrassés de ce vilain ciel de haillons, et le ciel du bon Dieu rayonne sur nos têtes, beau, profond, clair comme un grand œil sans paupières. Dans ce magique Orient on finit par l'aimer et ne plus pouvoir se passer de lui, ce soleil qui vous enveloppe de sa gloire, qui décuple en vous le sens de la vie et vous jette dans l'âme un trésor de visions.

Vers l'Est se trouve le quartier moderne, et après avoir traversé un terrain vague et poussiéreux, rendez-vous des caravanes, nous voyons se dresser devant nous la gare. Hélas! une gare bien moderne, avec son toit d'ardoise et ses palissades obligées. Cette vue n'est pas faite pour me ramener au temps où, dans cette ville de Jaffa, l'ancienne Joppe, Tabitha cousait des vêtements pour les pauvres, et où l'apôtre Pierre, étant en prière, fut ravi en extase. J'ai pourtant comme une vision biblique, en contemplant un chameau qui arrive à la station, portant, suspendus le long de ses robustes flancs, deux rails immenses, qui se balancent au rythme de sa marche souple et silencieuse. C'est ainsi, sans doute, que durent être amenés à Jérusalem les hauts cèdres que le roi de Tyr envoyait à Salomon pour la construction du temple. Pauvres bêtes! point de progrès pour elles, toujours les mêmes fardeaux à porter; il y a 3000 ans, c'était du bois, aujourd'hui,

Sur la ligne de Jérusalem. — Train de voyageurs.
(D'après une photographie de M. Jules Calas.)

c'est du fer; dans 3000 ans l'homme trouvera bien quelque chose à leur mettre sur le dos.

A la gare, un train spécial nous attend; point de billet à prendre, point de bagage à enregistrer, rien que la peine de s'installer le plus commodément; c'est idéal! Pas tant que ça; j'ai un cruel moment à passer, celui du règlement de compte avec mon jeune brigand. Rien ne satisfait ses exigences monétaires ; je lui en donne des petites, des grosses, des pièces de toutes les dimensions; il jette toujours vers moi des regards suppliants. Oh! mais des regards comme je n'en ai jamais rencontrés, même dans les plus tristes cérémonies ; ses deux grands yeux noirs, taillés en amande, expriment une telle angoisse que je me demande si je ne viens pas de lui donner le coup de la mort ; ils me suivent partout, ils s'attachent à moi, j'en suis tout confus, et pourtant j'ai la certitude que le drôle est largement payé de sa peine. Je veux les fuir, ils me suivent toujours, et à chaque fois que je les rencontre, ils m'entrent plus avant dans l'âme. Oh! qu'il me tarde d'entendre le coup de sifflet ; quand le train se mettra en route, il me délivrera de cette *Mater dolorosa...* au masculin. Enfin un policeman turc vient à mon secours et, sans la moindre sommation, lui applique sur la figure un large soufflet, ce qui me paraît un peu exagéré comme mesure; mais chacun sait qu'en Orient l'autorité n'a pas la main légère. Et vous croyez tout bonnement que cette haute intervention mit fin à la scène. Voici ce que j'y ai gagné: c'est que les deux grands yeux en amande me poursuivent plus que jamais et que, maintenant, ils sont pleins de larmes, de vraies et grosses larmes, ils ont passé au désespoir. Il ne me reste plus qu'à jeter encore quelques piécettes, mais ce seront bien les dernières. Je me demande comment font les voyageurs isolés qui tombent au milieu de ces bandits ; aussi écoutez les conseils de Bædeker : « Noter les expressions suivantes : *Iscout*, tais-toi — *roûh, roûh*, ou *imchi*, va-t'en. (Il n'est pas inutile d'appuyer ces mots d'un geste énergique, par exemple, en levant la canne). » Mais de pareils procédés exigent une pratique que je n'ai pas.

CHAPITRE X

Nous partons. — Les chardons de la plaine. — Arrivée à Jérusalem. — Au couvent. — Sur le calvaire. — Le Saint-Sépulcre. — Déception. — Où suis-je ? — Chez les Dames de Sion. — La tristesse des choses. — Sur la terrasse. — Hors de la ville. — La Porte dorée. — Un pont fin de siècle. — La Porte des Ordures. — Le mur des Lamentations.

Nous partons, entraînés par de délicieux petits wagons avec plate-forme, et largement ouverts sur les beautés du paysage. La ligne ferrée traverse les bosquets d'oliviers qui s'étendent autour de Jaffa et s'allonge, à travers la plaine de Saron, vers les montagnes de Judée, qui bleuissent dans le lointain. Cette plaine, qui au printemps se pare de fleurs, en cette saison de l'année est desséchée et jaunie, et si de temps à autre on n'apercevait, sous le feuillage blanchâtre des oliviers, les vives couleurs d'un groupe de Musulmans, si l'on ne voyait têtes et cous de chameaux se profiler en équerre sur la ligne fuyante de l'horizon, on pourrait se croire dans nos guérets de France.

Je n'ai aucune raison personnelle pour entonner

Train de Marchandises.
(D'après une photographie de M. Jules Calas.)

un hymne en l'honneur des chardons; mais qu'ils sont beaux, les chardons de cette plaine ! Il y en a toute une variété le long de la voie. Hélas! ils sont morts sous les brûlures des mois d'été, mais morts sans passer par la corruption, grâce à la sécheresse de l'air; ils n'ont pas fléchi sous le poids des ondées; leurs squelettes diaphanes se dressent dans toute la richesse de leurs découpures ; la forme seule demeure, tout le reste s'est changé en une transparence d'or. On dirait des chardons glorifiés !

A la station de Deir-Abân la montagne commence. Notre train se faufile à travers des collines pierreuses et le long de torrents desséchés. De tous côtés, ce sont de grandes parois de rochers, qui offrent la parfaite image de la désolation. On touche du doigt la réalisation des prophéties : « Les « épines et les ronces monteront sur la terre « de mon peuple. » — « Les chemins ont été réduits « en désolation, les passants ne passent plus par les « sentiers, le pays est dans les pleurs et languit. » — « Saron est devenue comme une lande. » — La lande, nous venons de la traverser, et elle est d'une tristesse infinie; nous sommes maintenant dans le domaine des épines et des ronces, et sur les sentiers rocailleux, on dirait qu'on ne passe plus depuis des siècles. On a l'impression que toute cette aridité n'est pas due aux conditions du climat ou à la nature du sol, mais que la richesse de jadis pourrait revivre, que des villes florissantes pourraient encore couvrir la contrée, le jour où cessera le terrible châtiment qui pèse sur la terre que le Seigneur avait bénie. Notre locomotive jette son grand souffle orgueilleux à cette nature morte, qui semble la prendre en pitié et lui dire : Il faudra autre chose que toi pour nous rendre la vie; c'est le souffle de l'Éternel que nous attendons !

Une dernière montée nous amène à travers la vallée des Roses, sur le plateau derrière lequel Jérusalem retombe comme une blanche mousseline d'autel. On voudrait faire son entrée à deux genoux. Hélas! hélas! nous nous entassons sur des voitures invraisemblables et, dans un nuage de poussière, nous galopons, bride abattue, vers le couvent de Notre-Dame de France, absorbés par l'unique pensée de ne pas nous briser les membres dans quelque culbute formidable. Nous supplions le cocher de ne pas brûler le terrain, de nous laisser penser à autre chose qu'une catastrophe imminente; il croit sans doute que nous lui recommandons d'aller plus vite, de dépasser les camarades, car il tape plus fort, et nous donnons enfin contre un angle de muraille, où force est bien de s'arrêter net.

Non, jamais de ma vie, je n'aurais pensé que j'aborderais la ville sainte dans de pareilles conditions. Il semble, en vérité, que nous prenions notre part de cette malédiction sous laquelle gémissent les enfants d'Israël, et il me monte dans l'âme un peu de cette désolation qui est partout.

Nous logeons dans un couvent. En fait de couleur

locale, on ne peut désirer mieux. Mais avouez qu'il est assez piquant de voir des pasteurs casés dans une cellule qui porte les noms de *saint Louis* et de *sainte Félicité*. Comme la félicité n'est pas de ce monde, nous ne nous sommes pas rencontrés là plus qu'ailleurs ! Nous déjeunons dans une vaste salle qui a un air de réfectoire, et la cuisine des bons pères nous prouve qu'ils ont du goût... pour autre chose que l'archéologie biblique. Nous sommes servis à table par de jeunes ecclésiastiques, et cela m'intimide un peu de dire : Mon frère, encore des petits pois, S. V. P. Du reste, il est juste de reconnaître qu'ils sont tous d'une amabilité charmante. Quant aux traditions et aux légendes qui ont cours à Jérusalem, ils paraissent en prendre et en laisser, et leurs explications sont souvent soulignées par un petit sourire d'incrédulité.

Mais le grand moment approche, l'heure solennelle où nous allons nous rendre sur le Calvaire. Tout mon être tremble d'un saint respect. Avoir prêché Christ pendant vingt années, et voir la place où sa croix a été plantée, donner un corps à ces visions qui ont tant de fois traversé mon esprit, placer dans le rêve insaisissable un élément de réalité, encadrer pieusement ces souvenirs sacrés, n'y a-t-il pas là de quoi transporter l'âme de la plus douce joie ? Il me semble que je vais éprouver une émotion nouvelle, indicible, sans pareille, passer un moment de spirituelles délices qui sera unique dans ma vie ! A mon départ, plusieurs de mes braves paroissiens m'avaient dit : Que vous êtes heureux d'aller voir le Calvaire ! et, dans leur pensée naïve, c'était la colline toute nue, comme au temps du Seigneur. Je n'avais pas cette illusion, je savais bien que je ne verrais pas le Golgotha d'autrefois, que le lieu de la crucifixion avait disparu dans l'enceinte de la Jérusalem actuelle, et que l'église du Saint-Sépulcre était bâtie sur la place même où le Fils de Dieu avait rendu le dernier soupir. Ah ! plût à Dieu que la piété des générations eût laissé le Calvaire ce qu'il était alors, rien n'arrêterait la superbe envolée de l'âme ; chaque fidèle pourrait y planter, selon la foi qu'il professe, son échelle de Jacob pour toucher au ciel ! Comment n'a-t-on pas compris que rien ne saurait remplacer la terrible solennité de la nature, telle qu'elle frappa les yeux de Jésus mourant, et que tout est mesquin à côté de la scène grandiose que nous racontent nos Évangiles ?

Oh ! cette colline sacrée, l'homme n'aurait jamais dû y toucher, pour ne pas déranger la poussière sur laquelle le Sauveur a marché ! Pourquoi, comme en Éden, l'Éternel n'a-t-il pas logé des chérubins avec une lame de feu pour en garder à jamais l'accès ?

Me voici devant le Saint-Sépulcre, le cœur me bat bien fort. J'entre... et il suffit d'un coup d'œil à l'intérieur pour faire fuir tout ce que j'étais venu chercher là. L'édifice, de forme irrégulière, est composé de plusieurs chapelles différentes, mais qui se ressemblent toutes par un luxe de mauvais goût, par une profusion de dorures, de chandeliers, de lampes, un recoin par ci, un recoin par là, c'est à ne plus savoir par où on est entré et par où on doit sortir. Le seuil franchi, on trouve à gauche le poste de soldats turcs, chargé d'empêcher les chrétiens d'un rite de tomber à bras raccourcis sur les chrétiens d'un autre rite, pour un clou déplacé ou une question de lampisterie. Ah! il suffit de peu de chose pour que ces étranges disciples, au lieu de présenter la joue gauche, lèvent le poing droit. Puis, c'est la pierre de l'onction qui s'offre à nous; ce serait là que Nicodème oignit le corps de son maître.

Attiré par un vacarme qui déjà me scandalise, j'entre dans une chapelle surchargée d'ornements du pavé à la voûte, et où des Grecs célèbrent un service religieux à grand renfort de génuflexions, de marches et de contre-marches. Sur un trône tout doré, siège un patriarche magnifiquement vêtu qui préside la cérémonie. Il me semble l'entendre

faire la prière célèbre : « O Dieu, je te rends grâce
« de ce que je ne suis pas comme le reste des
« hommes! »

Jérusalem. — Entrée du Saint-Sépulcre.
(D'après une photographie de M. Jules Calas.)

Autour de lui se pressent les fidèles, perdus dans
la contemplation béate des icônes, des lampes, des
pierreries qui étincellent, absorbés dans les vaines
formes d'un culte qui n'a plus même la grâce des
cérémonies païennes, et semble avoir pour but de
s'attaquer aux nerfs plutôt que de parler à l'esprit

et d'élever l'âme. Du reste, pendant que, devant l'iconostase, les prêtres parlent, récitent, chantent et se promènent, des profondeurs du lieu saint, situé en arrière, s'élèvent les accents pieux d'une musique de chapeau chinois qui s'agite, et de coups sonores comme ceux de deux plaques de bois sec que l'on frapperait l'une contre l'autre. Ces deux bruits, parfaitement discordants, commencent à une mesure très lente, puis peu à peu l'allure se précipite, les deux planchettes s'emballent à la rencontre l'une de l'autre, les clochettes se lancent dans une farandole à tout casser, et bientôt c'est un tic-tac désordonné, auquel le tintement du métal tient tête. Décidément, si les âmes ne tombent pas en syncope extatique, ce n'est pas la faute de ces étranges musiciens ; ils y vont à tour de bras. — Mon Dieu, mon Dieu, où suis-je? Mais on a pris mon Seigneur, et je ne sais où on l'a mis! Et devant cette profanation de ce qu'il devrait y avoir de plus sacré au monde, le lieu où Jésus a porté nos péchés en son corps, sur le bois, devant cette folie de l'homme qui ne veut pas ou ne sait pas rendre à Dieu la seule adoration qu'il demande, celle d'un culte en esprit et en vérité, et qui se dédommage en donnant de l'or, des génuflexions, des lampes, des cierges et... du bruit, je sens monter jusqu'à mes paupières des larmes d'une tristesse infinie, l'amertume la plus profonde que j'aie jamais ressentie de ma vie m'envahir l'âme. Je veux m'enfuir, aller chercher ailleurs un culte plus conforme à l'esprit de Christ. Dans une autre partie de l'Église, ce sont les prêtres Coptes qui, avec moins de luxe et de vacarme, récitent des litanies semblables, font les mêmes courbettes, adressent les mêmes hommages, et dans toutes ces chapelles ce serait la même chose, ou à peu près, si toutes les communautés pouvaient célébrer leur culte à la même heure. Là, c'est la chapelle des Syriens, là, celle des Arméniens, là, celle des Latins, là, celle des Abyssins, là, celle de Sainte-Hélène, celle du trou de la Croix, celle de Notre-Dame des sept douleurs, et, de tous ces temples divers, il ne monte que des hommages, que je veux croire sincères, mais qui sont en contradiction flagrante avec les enseignements de l'Évangile.

J'entre dans le Saint-Sépulcre proprement dit. C'est une petite chapelle en marbre, au milieu de la grande rotonde : on y pénètre par une porte basse, et on se trouve dans un petit réduit de 2 mètres de long sur 1^m,80 de large, c'est dire que deux ou trois personnes seulement peuvent s'y rencontrer à la fois. Que vois-je? une dalle blanche sur laquelle on dépose, en entrant, une petite pièce de monnaie, en échange de laquelle un prêtre, qui fait sentinelle, vous verse sur les mains une eau parfumée. C'est là que le Seigneur aurait été enseveli. Ah ! comme tout cela ressemble peu au Sépulcre neuf, taillé dans le roc, dont parlent nos Saints Livres. L'Église protestante, seule, n'a pas de chapelle dans le Saint-Sépulcre. Je le dis avec quelque fierté : nous ne cherchons pas parmi les morts Celui qui est vivant.

Dans mon trouble, je veux savoir l'impression qu'ont reçue ceux de mes compagnons de voyage qui appartiennent à la religion catholique. Je consulte une de nos dames qui me paraît être encore plus pèlerine que touriste : elle m'avoue avoir été écœurée de ce qu'elle a vu là, et, plus que jamais, je regrette que le Calvaire ne soit pas resté ce qu'il était : la place du crâne.

Je suis revenu au Saint-Sépulcre à la nuit tombante, pour ne pas emporter comme définitive cette douloureuse déception ; j'y ai trouvé plus de silence, et les belles ombres tombant sur les dalles de marbre, mais je n'y ai pas retrouvé l'illusion perdue.

En sortant du Saint-Sépulcre, accompagné d'un membre de notre caravane qui est Juif, et qui n'aurait pas eu le droit d'entrer dans l'Église, s'il avait fait connaître son origine, nous nous enfonçons avec un guide dans les ruelles sombres et lamentablement tristes de Jérusalem, vers le couvent des

Dames de Sion. C'est la route que Jésus a dû suivre portant sa croix ; aussi a-t-elle pris, depuis des siècles, le nom pénible, pour le cœur, de *voie douloureuse ;* les diverses stations y sont marquées par des plaques logées dans les murs, et, bien qu'on sente à chaque pas tout ce que la légende a dû ajouter à cette marche de mort, on est forcé de reconnaître que c'est bien la direction qui, du palais de Pilate, conduisait au lieu du supplice, et c'est sous le fardeau d'une oppression mortelle que je m'avance.

Certes, la religion ne s'est faite ni joyeuse ni attirante à Jérusalem ; elle semble en être restée au drame de la Passion et ne pas avoir atteint la triomphante allégresse de la Résurrection.

Il y a, sur la cité, comme un nuage de tristesse que ne parvient pas à dissiper le beau soleil qui l'inonde, et qui arrête les sourires de son ciel bleu. Tristes sont les façades des maisons qui prennent des mines de forteresse, tristes ces grands murs de couvents qui font la moue, tristes ces touffes de cyprès enterrés jusqu'à la tête dans quelque cour profonde comme une fosse, tristes toutes ces choses décrépites qui penchent, s'effritent ou s'écroulent, tristes tous ces êtres divers, réunis là par la sainteté du lieu. Car si Jérusalem est la sainte cité pour les Chrétiens, elle l'est aussi pour les Juifs et les

Mahométans. Les Chrétiens ne sont guère que des reclus et des recluses, dont les yeux se sont éteints dans l'ombre des grands cloîtres; les Musulmans restent toujours sombres dans leur fatalisme, et les Juifs pleurent sur la profanation du temple et leur gloire déchue. De vraiment joyeux, je ne vois guère, à Jérusalem, que les touristes du « Sénégal », et leurs bons rires, leur gaieté française semblent presque jurer avec la solennité morne de tout ce qui nous entoure... cela frise l'irrespect.

Au couvent des sœurs de Sion, nous sommes reçus, avec une parfaite distinction, par une religieuse qui a dû faire l'expérience du monde, avant de s'ensevelir sous la cornette blanche; blanche aussi est sa figure fine, blanches sont ses mains aristocratiques, blanches presque sont ses lèvres exsangues; ses yeux gris donnent la même note délicate. Elle nous laisse un moment dans un salon où tout est mathématiquement à sa place, ce qui prouve qu'on y passe sans y vivre, et elle revient avec un plateau irréprochable, sur lequel elle nous offre un petit verre d'une chose douce et parfumée. Puis, nous la suivons dans le labyrinthe des couloirs et des sous-sols, où elle nous montre un reste de voie romaine qui a été mise à nu par les fouilles. Qui sait si le pied de Jésus ne s'est pas posé sur une de ces dalles? Je voudrais éprouver un religieux frisson, à cette probabilité; mais rien, toujours rien. Je me reproche amèrement d'être comme une statue de marbre, quand je m'attendais à sentir fondre mon cœur. Je m'en veux d'avoir l'âme si peu pèlerine et de ne pas retrouver Christ sur ce sol où des milliers de créatures sont venues embrasser les pierres et les user de leurs genoux.

Comme j'aimerais mieux pouvoir dire ici que ma visite aux lieux saints a fortifié ma foi, exalté mon sentiment religieux et donné une réalité plus grande aux vérités de l'Évangile! Mon récit prendrait des ailes et vous entraînerait peut-être, tandis que je n'ai que mon désenchantement à vous raconter. Sur ces dalles antiques, je rencontre tout un détachement du « Sénégal », et dans le brouhaha des conversations banales s'envole encore une fois le saint recueillement; je le retrouverai plus tard à mon foyer, dans mon cabinet de travail et dans la méditation solitaire.

Nous arrivons dans la chapelle des Sœurs, pour y voir une partie de l'arc de l'*Ecce homo* encastré dans le mur, tandis que l'autre arceau franchit la *Voie douloureuse* à l'extérieur du couvent. Ce serait là que Pilate aurait présenté à la foule Jésus couronné d'épines, en disant : Voici l'homme. Partout on est hanté par cette pensée pénible : Est-ce bien vrai? Est-ce bien là?

Notre visite se termine par la terrasse du couvent qui est comme un magnifique belvédère d'où l'on a vue sur toute la ville. Les toits ronds, blanchâtres et ensoleillés moutonnent à nos pieds dans

Jérusalem. — Les toits de la ville.
(D'après une photographie de M. Jules Calas.)

le cadre dentelé des murailles, que l'on peut suivre du regard et qui donnent à Jérusalem des limites bien nettes.

Au premier plan, on distingue les restes de la forteresse Antonia, un amas de constructions enchevêtrées, qui forment le côté Nord du grand quadrilatère où fut jadis le Temple de Salomon et où trône la mosquée d'Omar, toute bleue, comme le ciel qui l'enveloppe. En face, du bas de la vallée du Cédron, se dresse vers l'Orient le Mont des Oliviers, avec ses nombreuses églises dont les clochers et les coupoles brillent comme des fleurs d'or parmi la verdure des oliviers; plus loin, par delà une houle de collines, la haute falaise des montagnes de Moab; dans le Sud, les deux vallées qui enfourchent la ville se rejoignent, et la dépression se continue dans un défilé de rocailles; vers l'Occident, où le soleil s'incline déjà, la ville haute applique, comme une dentelle, ses minarets et ses tours sur la bande lumineuse de l'horizon. Spectacle saisissant et grandiose sans doute, mais où la vie fait défaut. Pas un bruit ne monte jusqu'à nous; pas un écho de voix enfantines, pas un piaffement sonore, pas une roue qui sautille sur le pavé; le silence, le mortel silence monte seul des rues abandonnées et des vallées désolées; pas une chanson, pas un alléluiah de fête, sous ce ciel radieux et cet ardent soleil. Jérusalem, Jérusalem, quel souffle a donc passé sur ta chair et tes os, pour te coucher ainsi dans le sépulcre? Qu'ils sont éloignés, les temps où le Psalmiste s'écriait avec enthousiasme: « *Nos pieds s'arrêteront chez toi, Jérusalem.* »

Pour secouer ces voûtes et ces arcades, qui pèsent

sur mes épaules, je prends la résolution de passer le reste de la journée au grand air; j'étouffe, il me faut de l'espace. Que je voudrais voir un arbre, un coin de verdure! Ce n'est pas facile, en ces lieux frappés de la colère d'En-Haut.

La porte la plus rapprochée du couvent des Filles de Sion est la Porte de Saint-Étienne, qui doit correspondre à ce qu'était autrefois la *Porte des Brebis*. M. Bovet, dont le livre est classique dans nos Églises, remarque que de nos jours encore, les moutons nécessaires à la subsistance de la ville entrent par cette porte. N'oublions pas que la Jérusalem actuelle ne contient pas un seul monument, un seul pan de mur, qui ait appartenu à l'époque du Christ. On peut en toute vérité dire d'elle ce que Jésus disait du Temple: « Il n'est resté ici pierre sur pierre qui n'ait été renversée. » Aussi, c'est une véritable torture pour l'esprit, quand on vient vous dire: Voici la maison du mauvais riche; cette autre est celle de Lazare; là, Jésus fut chargé de sa croix, là, il succomba sous son fardeau, là, il rencontra sa mère. Mais non, laissez-moi donc tranquille, de peur que, ne pouvant accepter l'authenticité du lieu, j'en arrive, ô blasphème! à douter du fait lui-même. Être en proie à cette obsession: rien de ce qu'on vous montre n'est authentique; partout ce ne sont que vagues légendes et traditions flottantes, tout est arrangé après coup, tout est *truqué*, c'est le martyre, quand on voudrait la certitude absolue.

Eh bien, c'est seulement hors de la ville, en face

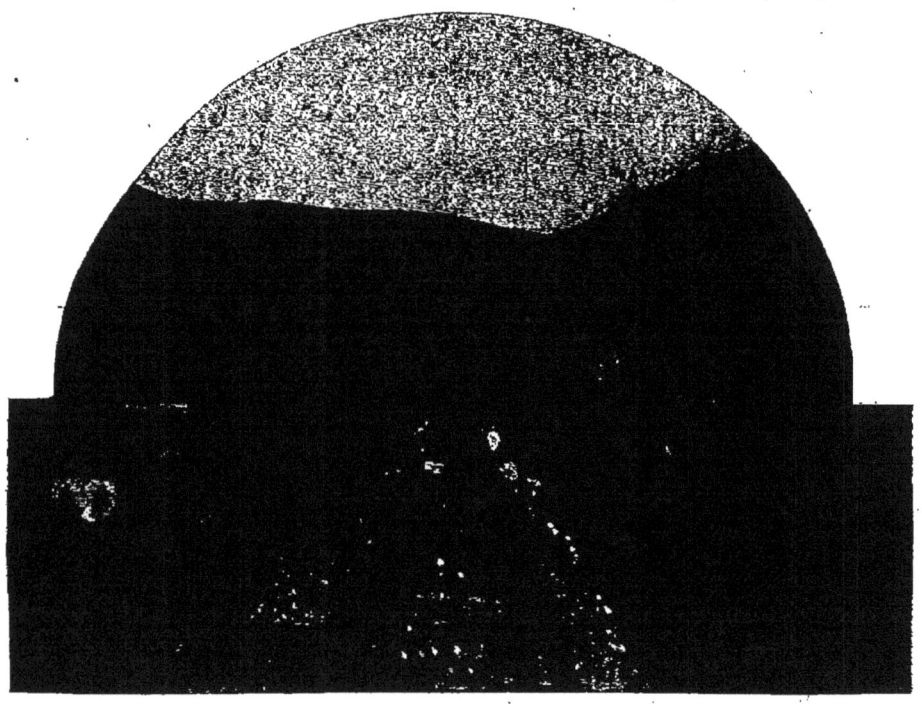

Chemin de fer de Jérusalem. — Ouvriers réparant la voie.
(D'après une photographie de M. Jules Calas.)

des grandes lignes du paysage, qu'on a le droit de dire : Voilà ce que Jésus a contemplé, voilà ce qu'il a aimé, voilà le torrent qu'il a traversé, le revers de colline qu'il a gravi. L'homme n'a pas pu changer ce que Dieu a fait, dénaturer la terre, ternir les belles teintes ou changer le profil de la contrée; il n'a eu ni assez de puissance, ni assez de foi, pour dire aux collines de Judée : « Transportez-vous d'ici là, et allez vous jeter dans la mer. » Ce que n'auraient pas manqué de faire les entrepreneurs du chemin de fer de Jérusalem !

Aussi quand, au sortir de Jérusalem, je vois se creuser devant moi la vallée de Josaphat et se dresser la montagne des Oliviers, sur laquelle Jésus passait les nuits, par où il descendait de Béthanie, j'échappe à mon doute angoissant, j'entre en plein dans la réalité des choses, et il me devient facile de me représenter le Seigneur sur ces sentiers, qui n'ont eu, depuis les temps les plus reculés, aucune raison pour passer ailleurs que là où ils passent encore. La charrue a pu bouleverser l'emplacement de Jérusalem, mais, sûrement, elle a respecté ces lignes blanches et durcies qui prennent en écharpe les pentes du Cédron.

A cette heure où le soleil baisse, toute une partie de la vallée est dans l'ombre projetée nettement par le faîte crénelé de la muraille qui limite la ville du côté oriental; la lumière reprend plus loin, au pied de la montée des Oliviers, et se recourbe au-dessus de ma tête, pour remplir la coupole d'azur de cet incomparable ciel d'Asie. Qu'il fait bon regarder là-haut! En bas, c'est l'image parfaite de la désolation. Je vous fais toutes mes excuses d'avoir à prononcer si souvent ce mot qui attriste, mais je n'en trouve pas d'autre pour exprimer ce que je vois; du reste n'est-il pas consacré par nos Saints Livres ?

En suivant la muraille dans la direction du Sud, on s'avance au milieu de tombes musulmanes d'aspect bien négligé. On dirait qu'elles ont été jetées par-dessus les murs, et qu'elles se sont entassées sur l'étroit rebord du talus; c'est comme un éboulis de tombes laissées là jusqu'au jugement dernier. De l'autre côté de la vallée, sur le mont des Oliviers, encore d'autres tombes, juives celles-là; elles sont serrées les unes contre les autres, comme si tout un peuple de morts se disputait une place dans cet enclos sacré. Et en vérité, cette vallée tout entière n'est-elle pas comme un sépulcre béant qui ne dit jamais : C'est assez!

Jérusalem est là, derrière la muraille, avec ses 5o,ooo habitants, et l'on a le sentiment d'être à cent lieues de toute habitation, perdu sur quelque route délaissée par les caravanes.

Las de corps et d'esprit, je m'asseois sur une de ces pierres funèbres, qui doit recouvrir plusieurs assises d'ossements desséchés, et je songe au contraste que devait offrir cette vallée, maintenant solitaire, le jour où Jésus la traversa, accompagné d'une foule enthousiaste, qui criait : « Hosannah ! béni soit celui qui vient au nom du Seigneur. »

Le soleil descend toujours, et l'ombre monte lentement sur la colline des Oliviers ; la tristesse de toutes ces choses mortes se fait plus intense, la vallée plus sombre, et mon âme plus en peine. Poursuivant ma route, je passe devant la *Porte Dorée*, où fut peut-être la *Belle Porte*, près de laquelle était assis le paralytique guéri par Pierre. La porte actuelle a été murée par les Arabes, parce qu'une tradition prétend que Jérusalem tombera un jour au pouvoir des chrétiens, et que leur roi entrera triomphalement par cette porte. Je ne sais ce que le propriétaire actuel pense de sa fermeture, mais il fera bien de la consolider, s'il veut qu'elle résiste aux canons de l'artillerie moderne. Il a le temps d'y songer.

Avant de contourner l'angle sud-est de l'enceinte, on voit, au haut du mur, une colonne couchée, qui déborde comme une gueule de canon. On se demande ce qu'elle peut bien faire dans cette position antiarchitecturale. C'est l'amorce d'un pont futur, oh ! très futur ! entre l'esplanade du Temple et le sommet de la montagne des Oliviers. Il paraîtrait qu'à l'époque indéterminée où aura lieu le Jugement dernier, quand la trompette sonnera, on inaugurera un fil de fer, tendu au-dessus de la vallée de Josaphat, qui reliera ces deux points extrêmes. Mahomet enfourchera la colonne, et Jésus siégera sur la montagne en face.

Tombeaux de Saint-Jacques et de Zacharie.
(D'après une photographie de M. Jules Calas.)

Tous les hommes auront à tenter le périlleux passage ; les bons, soutenus par les anges, l'exécuteront en équilibristes consommés, tandis que les méchants, pris de vertige, feront dans l'abîme leur dernier plongeon. Pour un pont *fin de siècle*, c'en est un !

Mais revenons à nos graves pensées, d'autant qu'il s'agit encore de tombeaux : ces vieux monuments étranges que l'on aperçoit en contre-bas, tout au fond du Cédron, et qu'on nomme tombeaux d'Absalon, de saint Jacques et de Zacharie, ils tiennent au rocher; autour d'eux s'alignent, comme en un cercle de famille, plusieurs générations de tombes, dont ils ont l'air d'être les grands-parents, par leur âge et leur taille.

Jalousement barricadée dans ses murailles, Jérusalem n'a pas de faubourgs, à moins que l'on n'appelle de ce nom les hôpitaux et les consulats qui s'allongent sur la route de Jaffa. En sortant de la ville pour prendre l'air, on tombe infailliblement dans un cimetière chrétien, juif ou mahométan, ce qui n'est pas pour chasser les idées noires. Sur ces routes, sur ces sentiers, personne, personne; pas un couple qui s'égare pour rêver comme on rêve à vingt ans; pas un gamin qui saute les fossés; pas une voiture d'enfant avec son poupon rose; pas un étudiant en rupture de cours. Quant aux dames, n'ayant pas à changer la forme de leurs costumes quatre fois par an, elles n'éprouvent pas le besoin de sortir pour faire admirer un *féredjé* dont la mode est la même depuis des siècles. Heureux ces maris musulmans, qui n'ont pas à payer une note de modiste à chaque saison, sous peine de traîner après eux une femme rococo.

Notre promenade *extra muros* nous amène à la Porte des Maugrebins, autrement dit, *Porte des Ordures*, comme si les camarades étaient d'une propreté irréprochable ! Toutes les portes de Jérusalem ont des droits égaux à prendre ce titre.

A droite et à gauche de la rue, qui n'est ici qu'un abominable chemin de traverse, de gigantesques cactus étalent leurs raquettes ridées et poussiéreuses. Les maisons laissent en cet endroit une place libre que la municipalité décore probablement du nom de *square* et qui n'est qu'un horrible dépôt, qui aurait bien dû passer... la porte voisine.

A droite, se dresse le mur du Temple, où se voit encore une amorce de pont qui fait pendant à la colonne de Mahomet, avec cette différence que le pont dont il s'agit est du domaine du passé, le docteur Robinson ayant établi que c'est celui dont parle Josèphe et qui reliait le quartier du Temple à la ville haute, à travers la vallée des Fromagers. Encore quelques pas, et nous entrons dans toutes les abominations du quartier juif ! Et moi qui avais la prétention de finir la journée au grand air !... Mais ce n'est pas de l'air qu'on respire ici, c'est une infection à vous donner une fièvre de toutes les couleurs. Il me semble que des microbes gros comme la tête me tombent dessus de toutes ces façades lépreuses, de toutes ces voûtes purulentes; je crois les voir sauter sur le pavé au milieu des immondices; on ne sait où poser le pied pour ne pas le mettre sur quelque chose d'innommable, où diriger ses yeux pour ne pas qu'ils soient offusqués; quant à son nez, on le voudrait aux antipodes.

Pauvres Juifs de Jérusalem, dans quel état d'abjection sont-ils réduits à vivre! Ils n'ont pas l'air d'appartenir à l'époque contemporaine; on les dirait tout juste réveillés d'une léthargie commencée en plein moyen âge, et revêtus d'habits qui les attendaient depuis des siècles, pendant que leurs cheveux en papillotes poussaient toujours, toujours!... On songe aux infortunes accumulées dont leur race porte la souffrance. Pourtant, c'est à ces Juifs déchus que je dois ma plus poignante émotion à Jérusalem. Vous savez qu'ils se rendent devant une muraille gigantesque qui soutient l'emplacement où fut leur temple, pour y pleurer de vraies larmes, au souvenir de leurs malheurs nationaux. Cette muraille est composée de gros blocs de pierre, d'appareil si antique que les Juifs peuvent assez facilement se figurer qu'elle a vu la gloire de Salomon.

Nous voici dans une petite cour dallée, beaucoup plus longue que large. Sur nos têtes, un rectangle de ciel que les ombres du soir envahissent. De trois côtés, des murs très bas, et de l'autre ces assises géantes, écrasant, par leur majesté, et les construc-

Jérusalem. — Le mur des Lamentations.
(D'après une photographie de M. Jules Calas.)

tions voisines et ces petits êtres pliés, voûtés, souffreteux, qui se traînent tout en bas. Oh! avec quelle ardeur ils caressent ces pierres, devenues luisantes sous les baisers séculaires! Non, jamais mère n'a passé plus tendrement ses mains sur la joue de son fils. Tous ces yeux qui se transforment en fontaine de larmes, tous ces fronts qui s'assombrissent comme en un jour de deuil, toutes ces poitrines qui exhalent leur inconsolable désespoir, vous empoignent au passage et ne vous lâchent plus, jusqu'à ce que vos larmes se soient mêlées à leurs larmes, et l'on reste confondu devant cette fidélité des enfants d'Israël au Dieu d'Abraham, d'Isaac et de Jacob, au milieu d'infortunes qui les poursuivent depuis dix-huit siècles et dont ils ne peuvent comprendre ni la cause ni le but. Laquelle de nos nations chrétiennes aurait résisté à pareille épreuve?

Ah! que la scène est différente de celle que nous offrait tout à l'heure le Saint-Sépulcre! Ici point de voûte gorgée d'encens, mais le ciel limpide et haut jusqu'à l'infini; point de lampe d'or, mais quelques touffes desséchées prises par leurs racines dans le joint des pierres; point d'iconostase ajouré, mais la muraille impénétrable; aucun décor, aucune richesse, mais la solennité des pierres nues; point de prêtres aux vêtements resplendissants, mais des hommes en grande robe simple, et des femmes, la tête entourée d'étoffes grossières. Cependant il y a ici ce qui manque là-bas : l'âme de tout un peuple en détresse qui monte vers Dieu, qui se lamente au souvenir de la gloire perdue, du sanctuaire dévasté et des jours qui ne sont plus.

Je rentre dans ma cellule, et longtemps j'emporte avec moi le spectacle navrant de ces pleurs intarissables, longtemps mes oreilles et mon cœur sont comme déchirés de ces lamentations continues qui montent le long du grand mur, tout mouillé de larmes !

Après un souper qui ne rappelle en rien le : *frère, il faut mourir*, je voulais errer doucement par la ville. Des clartés électriques de notre cloître, je tombe dans une obscurité de four. A planer au-dessus de Jérusalem dans la belle nuit, on trouverait encore sa route, mais à circuler dans ces rues sans lumière, j'aurais vite perdu la carte. Quant à renouveler l'expérience de M. Loti, à aller frapper du front les oliviers de Gethsémané, en quête d'une émotion qui se fait tirer l'oreille, je n'y songe guère, n'ayant aucun goût pour ces expéditions nocturnes. Je n'ai qu'à m'agenouiller dans ma cellule pour contempler Christ, en faisant ma prière du soir.

CHAPITRE XI

Béthanie. — L'Ascension — La rude Judée. — En Gethsémané. — La mosquée d'Omar. — Dans le quartier Juif. — En faveur d'Israël. — La malédiction partout. — Achat de souvenirs. — *Aqua ex Jordane.* — Au dessert — La Vierge bleue. — Pauvre Jérusalem!

26 septembre.

Je partais le lendemain à califourchon sur un petit âne noir, tout blanc au museau et autour de yeux, que j'avais choisi bas sur jambes, pour diminuer la distance entre le point de départ et le point d'arrivée, au cas où quelque malice de sa part m'enverrait mesurer la terre sainte. A ce choix, j'en avais joint un autre, celui d'un touriste peu causeur sur lequel je pouvais compter, pour ne pas exiger des frais de conversation. En Orient on n'aime pas à être seul; avec ces fanatiques... on ne sait jamais ce qui peut arriver! Mais comment suivre le cours de ses pensées avec un bavard? De là mon choix.

Le but de la course est la montagne des Oliviers et le village de Béthanie. Par un soleil qui a lestement fait de transformer la vallée de Josaphat en fournaise, nous nous avançons le long de la route

Jérusalem. — Vue du sommet des Oliviers.
(D'après une photographie de M. Jules Calas.)

qui descend au Cédron. Les grands murs de Jérusalem, qui étincellent aux rayons du matin, font penser aux pierres précieuses qui servent de fondements à la Jérusalem d'En haut et aux douze perles de ses portes. A mesure que nous nous élevons, le panorama s'étend. Nous dépassons le niveau des murailles, et le regard enjambe, l'un après l'autre, les étages de collines sur lesquelles Jérusalem est bâtie. C'est d'abord l'enceinte du Haram, avec son plateau solitaire où repose, comme un saphir à huit pans, la mosquée d'Omar ; puis c'est la ville haute, avec les couvents arméniens, et en dehors des murs, le tombeau de David ; à droite, la citadelle massive et le quartier chrétien, qui avoisinent la porte de Jaffa.

Nous laissons bientôt la route carrossable qui va à Jéricho, pour prendre à revers le mont des Oliviers, par un raidillon où mon âne s'escrime à ne pas glisser sur les roches polies et brûlantes, pendant que je ne m'escrime pas moins à conserver l'équilibre. La scène change subitement, Jérusalem disparaît derrière nous, et en face, vers l'Orient, le regard chevauche sur des croupes de collines qui s'en vont dans le bleu, jusqu'à la barrière des monts de Moab, qui me rappellent la ligne si posée et si belle du Jura, et, dans la brume dorée du matin, la *Mer Morte*, comme un autre Léman, étale, dans le lointain, un bout du ruban de ses eaux. Oh ! que l'on comprend bien que Jésus, fatigué du bruit de la ville, aimât à avoir sous les yeux cette nature si calme, si tendrement nuancée, sans parler des cœurs simples et fidèles qui l'attendaient dans cet humble village de Béthanie, où nous arrivons.

Béthanie, Béthanie, oh! le doux nom, oh! les délicieux souvenirs de Marthe et de Marie. Mais que triste est la chose, que misérables sont ces huttes

Béthanie et route de Jéricho.
(D'après une photographie de M. d'Allemagne.)

de pierre délabrées, à fleur de rocher. Tout ce qu'on vous montre comme étant la maison des deux sœurs, la maison de Simon, est si incertain qu'au lieu de contempler ces misères, on préfère repasser dans son esprit les récits de nos Évangiles. Ce qu'il est permis de dire, c'est que Jésus a reposé ses yeux sur cette contrée qui, seule, est restée immuable, alors que tout ce qui vient des hommes a péri ou s'est transformé.

Par acquit de conscience, je descends dans une sorte de citerne creusée dans le roc, que la tradition nous donne comme étant le tombeau de Lazare; et là, comme partout, toujours le bakhchîch en main au premier venu qui, malgré vous, se constitue votre guide. Mais quel bakhchîch on donnerait à l'Histoire, si elle pouvait, preuve en main, vous dire : C'est bien là, devant ce trou béant, que Jésus a pleuré sur nos humaines détresses, qu'a retenti cette parole de résurrection et de vie : « Lazare, sors de là ! ».

Nous revenons par les pentes de la montagne qui regardent à l'Est. C'est sur quelqu'un de ces rochers qu'eut lieu sans doute l'ascension du Maître, d'après le Livre des Actes, et non à la chapelle de l'Ascension, bien qu'on y montre l'empreinte du pied de Jésus sur une dalle. Quand la tradition dit : C'est là, vous êtes forcé de douter, mais en même temps vous reconnaissez que, si ce n'est pas à l'endroit désigné, c'est probablement tout près. Nous voici au sommet et, sans perdre de vue le pays qui s'étend jusqu'aux frontières de Moab, nous retrouvons le panorama de Jérusalem et de toute la contrée environnante. Je ne crois pas qu'il soit au monde de spectacle qui produise plus forte impression sur l'âme : c'est toute la Judée qu'on a dans le cercle de l'horizon, la rude Judée, la Judée pierreuse, rocheuse et d'aspect sévère, faite pour nourrir, non un peuple d'artistes, mais un peuple qui a soif d'au-delà et qui place son idéal dans la sainteté de la loi morale. La voilà donc, cette terre qui fut le théâtre des Révélations, d'Abraham jusqu'à Jésus-Christ. Elle n'a rien qui attire, et pourtant, ô miracle, que de générations humaines se sont tournées vers elle ; que de pèlerins sont partis pour fouler son sol sacré ; que d'adorateurs sont venus ici pour baiser les chemins où Jésus a marché ! Et il en viendra, tant que brillera, dans la nuit de nos douleurs, l'étoile qui conduisit les Mages au berceau de Bethléem.

Comme le soleil monte encore, il frappe directement sur la ville, qui est, tout entière, tournée vers l'Orient. Ni l'heure ni le lieu ne sauraient être mieux choisis pour la voir dans tout son éclat ; le regard la domine et l'embrasse ; les rues étroites se perdent dans l'assemblage de ses maisons. Sauf la vaste esplanade de la mosquée d'Omar, qui occupe tout un coin du tableau, ce n'est qu'un boursouflement continu de toitures arrondies, comme une poussière de dômes, sur laquelle se dressent quelques brins de verdure et les houppes blanches des minarets. Un bleuté d'une douceur infinie s'épand sur toutes ces blancheurs et en corrige la crudité. Et de toutes ces clartés de grands murs et de petites façades superposées surgit comme une glorieuse vision de cette autre Jérusalem, *où il n'y aura point de nuit.*

Un chemin rocailleux descend à pic sur le Jardin de Gethsémané; mon âne s'y engage, au risque de casser son cou et le mien, mais la vaillante bête ne fait pas un faux pas. Rassuré à demi, je me cramponne à la croupière, pour ne pas arriver au bas de la rampe, avant ma monture.

On entre dans le jardin par une porte basse, qui n'a pas l'air avenant, et l'on se trouve en présence de quelques vieux oliviers au tronc décrépit, dont un treillis de fil de fer défend l'accès. A l'intérieur, de petites plates-bandes de fleurs l'ornent ou le déparent, comme vous voudrez. Rien de ce qu'on a rêvé comme cadre à la nuit terrible que Jésus a passée là; c'est froid, mort comme un petit jardin de sous-préfecture, peigné et ratissé par l'officiel gardien. Dans une de ces allées, je rencontre un pasteur de Paris, venu avec nous sur le « Sénégal ». Je l'interroge avec anxiété pour savoir s'il a, plus que moi, trouvé l'émotion tant désirée. Il me répond, la mort dans l'âme: Rien, rien. Je ne suis donc pas seul à chercher vainement, comme Marie-Madeleine, dans un sépulcre vide.

Le culte chrétien du Saint-Sépulcre a révolté en moi tout ce qu'il y a de spiritualisme; les lamentations des Juifs m'ont fendu le cœur; les environs de Jérusalem m'ont laissé froid, toutes les fois que j'ai voulu m'arracher à la contemplation de la nature, pour chercher, parmi les ruines du temps et les raccommodages trop évidents des hommes, la trace du Seigneur. Il me reste, pour compléter mon mince bagage d'émotions religieuses, à visiter le sanctuaire des Musulmans.

Nous allons en bande à la mosquée d'Omar, avec une permission spéciale; ce n'est pas l'idéal, mais ainsi l'ont décidé nos grands chefs. On nous recommande la prudence, de nous tenir groupés, et surtout pas de clichés; les *Kodaks* doivent fermer l'œil; pour nous, nous pourrons ouvrir les yeux tant que nous voudrons, et il en vaut la peine.

L'enceinte du Haram est un vaste quadrilatère qui se confond par deux de ses côtés avec les murailles mêmes de Jérusalem. Au centre se dresse la mosquée, comme un gigantesque émail placé sur un socle; les petites constructions finement ciselées qui l'entourent font ressortir ses formes imposantes, et tout au fond, vers le Sud, la mosquée d'El-Aksa se tapit derrière la verdure et se fait humble, comme si elle avait renoncé à lutter de beauté avec sa rivale. Nous ne pouvons qu'applaudir à sa modestie très chrétienne.

En bande à la mosquée d'Omar.
(D'après une photographie de M. Ernest Diehl.)

C'est donc sur la reine de céans que se concentrent tous nos regards. Ah! ne lui demandez pas les dentelles, les clochetons et les tours de nos cathédrales gothiques; on la trouve, au premier aspect, lourde et bien massive, avec ses contours de monumentale maman; d'autant plus maman que deux ou trois édifices qui se serrent contre sa jupe ont un faux air de progéniture, par la fidélité avec laquelle ils reproduisent ses traits.

Jérusalem. — La mosquée d'Omar.
(D'après une photographie de M. Jules Calas.)

L'ensemble est vite saisi : une grande base à huit pans réguliers, d'où un toit presque horizontal va supporter un tambour central, percé de seize fenêtres, et sur lequel repose une coupole de forme ellipsoïde ; mais ce qui charme, c'est son revêtement de faïence, qui en fait la chose la plus agréable à la vue qu'on puisse imaginer, un fouillis de couleurs où triomphe avec modestie un bleu bien pâle.

Comme nous approchons de la porte d'entrée, une nuée de loueurs de babouches se précipite sur nous, car il s'agit de ne pas porter dans le saint lieu une poussière profane. Je me laisse entortiller les pieds dans d'horribles guenilles, qui me semblent mille fois plus suspectes que mes propres chaussures. Quelques « sénégalais », pour échapper au bakhchîch, ne font ni une ni deux, enlèvent leurs bottines et entrent bravement sur leurs chaussettes ! Ah ! si les tapis de la très sainte mosquée pouvaient dire le fond de leur pensée, comme ils crieraient sous leurs talons : Glissez mortels, n'appuyez pas !

Mais il ne s'agit plus de regarder à nos pieds ; c'est là-haut que se fixent nos yeux, dans le fond de cette coupole aux ombres mystérieuses comme le Dieu qu'on adore ici. Le regard s'envole vers les splendides vitraux d'où descend une lumière d'une douceur infinie, vers ces mosaïques qui représentent des vases de fleurs, des raisins et des épis. Partout ce sont des teintes admirablement fondues, des reflets métalliques, une symphonie de bleu, de vert et d'or. On se croirait à l'intérieur d'une immense bulle de savon où se jouent toutes les merveilles de l'arc-en-ciel, mais pas au grand soleil, dans une demi-obscurité de souterrain. Puis les yeux reviennent à ce grand rocher naturel, et pourtant étrange, au milieu de tous ces prodiges de

Jérusalem. — La mosquée d'El-Aksa.
(D'après une photographie de M. Jules Caias.)

l'art, auquel cette mosquée splendide sert de coffret.

Que de choses on raconte sur ce rocher ! C'est là qu'Abraham fut sur le point d'immoler Isaac; les Musulmans prétendent qu'il est suspendu sans appui sur l'abîme; d'autres croient qu'il repose sur un palmier; d'autres en font les portes mêmes de l'enfer; enfin, ce serait de là que Mahomet a été emporté au ciel sur son merveilleux cheval Bourak; le rocher allait le suivre dans les airs, lorsque l'ange Gabriel le retint. On nous montre l'empreinte de ses doigts.

Eh bien, faut-il le dire? malgré toutes ces traditions bizarres, cette crédulité insensée, malgré tout le fanatisme qui nous entoure, l'impression que l'on ressent dans ce temple musulman tout plein de silence est plus voisine du recueillement et de la prière que celle que m'a laissée le Saint-Sépulcre. Et je préfère ce monothéisme farouche, qui n'admet pas la représentation du visage humain dans la décoration de ses édifices, à toutes ces images dorées, à toutes ces vierges roses, à tous ces saints, à tous ces christs en croix qui ornent les différentes chapelles du culte chrétien. Et c'est encore ici que la pauvre âme lassée de tous les bruits, de tous les cris, de toutes les querelles, de tout le matérialisme d'une religion mal comprise, trouverait le plus facilement un peu de paix, de contemplation, de calme spirituel; mais ce n'est pas là non plus qu'elle trouverait Celui qu'elle cherche.

Nous terminons la soirée en errant un peu à l'aventure à travers les rues de Jérusalem, et ce qu'on voit partout ne fait que confirmer et augmenter l'impression de tristesse qu'éprouve le chrétien en entrant dans cette ville, qui fut la ville du Grand Roi, et qui n'est plus qu'une ombre.

Dans le quartier juif, la lamentation est partout; elle n'est pas qu'au pied du grand mur. Dans des passages obscurs, suintant une humidité crasseuse, errent des êtres qui font peine à voir, tant ils sont maigres, malsains et blafards, de cette teinte particulière aux prisonniers qui vivent loin du hâle ; sur leur squelette atrophié s'étend une peau lisse et mince comme un enduit de cire ; ils ont un air de ressuscités dans lesquels la vie n'a pas tout à fait repris ses droits ; à les voir, on les dirait sur les confins de deux existences. Êtres étranges, en vérité, que ces revenants d'un autre monde ; en les croisant dans la rue, on éprouve une espèce de crainte superstitieuse, comme à la rencontre de trépassés inconnus.

Ils sont là une trentaine de mille, venus de Russie, de Pologne, d'Allemagne, un peu de tous les coins d'Europe, et attirés par cette joie amère de pleurer au souvenir de leur antique gloire, en attendant de dormir le grand sommeil dans cette vallée de Josaphat, que le prophète Joël a désignée pour le rendez-vous des nations, quand l'Éternel entrera en jugement avec elles, à cause de son peuple et de son héritage d'Israël.

Quelques-uns, peut-être, ont de moins nobles aspirations et de moins bibliques espérances, et se rendent dans la ville sainte avec l'unique désir d'y profiter des largesses de leurs compatriotes millionnaires, les Montefiore et les Rothschild.

Quoi qu'il en soit, n'est-il pas digne de notre sympathie, ce peuple, qui ne vit que de son ardent patriotisme, de sa foi invincible, et qui est encore debout malgré sa petitesse et les horribles persécutions dont il a été l'objet, alors que des nations plus robustes en apparence ont décliné jusqu'à en mourir. Des chrétiens devraient-ils jamais oublier que, selon la parole de Jésus lui-même : *Le salut vient des Juifs ?* S'il s'est trouvé parmi eux des bourreaux pour mettre à mort le Saint et le Juste, de leurs rangs est sorti un saint Paul qui a servi de témoin à la vérité jusqu'à la mort. Au lieu de cela, les peuples chrétiens ont traqué les Juifs comme des bêtes fauves, et ce sont ces violences du moyen âge que quelques-uns voudraient renouveler, pour la honte de l'humanité !

Leur destinée a été douloureuse : chassés de leur pays, battus devant leurs ennemis, il y avait à peine quarante ans depuis le jour où ils avaient demandé à grands cris la mort du Fils de Dieu, que leur ville

CHAPITRE XI

tombait sous les coups de Titus ; leur temple était brûlé et tous les habitants passés au fil de l'épée. Jérusalem ne fut plus qu'un monceau de ruines. Tout le pays environnant fut ravagé, onze cent mille individus périrent. Ce n'était que le commencement des malheurs. Plus tard, un édit de l'empereur Adrien déclara que c'était un crime capital pour un Juif de mettre le pied dans Jérusalem ; il lui était même défendu de la contempler de loin. Les voilà condamnés à errer par toutes les nations du monde : on en trouve en Europe, en Asie, en Afrique, en Amérique, de l'Espagne à la Chine, de la Sibérie au Soudan. Partout on rencontre les membres épars de la maison d'Israël, « *comme le blé est remué dans le crible* », selon les belles paroles d'Amos, le prophète. Durant des siècles, ils ont souffert de la part des peuples et des rois, ils ont été persécutés, chassés, mis à mort en masse, et torturés à plaisir. En Espagne, ils avaient à choisir entre l'apostasie, l'emprisonnement et l'exil ; en France, de même. L'Église de Rome les a toujours mis au rang des hérétiques, et l'on sait qu'elle n'est pas tendre pour ceux qu'elle considère comme tels. Les Édits des Conciles les déclarent incapables d'exercer aucune fonction publique et ordonnent que leurs enfants leur soient enlevés pour être placés dans des couvents. Partout, durant cette sombre période, on les insulte, on les tyrannise, on les massacre. A Toulouse, on les frappait en plein visage, le jour de Pâques; à Béziers, on les lapidait depuis le dimanche des Rameaux jusqu'à Pâques; avant de partir pour les Croisades, on se faisait la main en assassinant des Juifs. Pendant des siècles, ils furent repoussés de partout et ne savaient où arrêter leurs pas.

Tout autre peuple aurait disparu. Et malgré tout il est debout; il n'a pas été entièrement détruit, et où sont les Égyptiens, les Assyriens, les Grecs et les Romains? Les promesses faites à Abraham subsistent encore; ils reviendront un jour habiter sur le sol de leurs pères. Puisque les prophéties qui annonçaient leur dispersion ont été accomplies à la lettre, pourquoi douter de celles qui leur promettent le retour dans leur patrie? Quand sera-ce? Dieu le sait; mais *mille ans sont devant Lui comme un jour*. Nous devons le respecter comme l'héritier des promesses divines, nous souvenant de ces paroles terribles : « Je détruirai entièrement toutes « les nations parmi lesquelles je t'aurai dispersé. » (Jérémie XLVI, 28). Ce n'est pas lui qui disparaîtra, c'est nous.

Dans la rue montante du Bazar, la nuit tombe peu à peu, il fait sombre sous ces voûtes lugubres, et je ne retrouve ici rien de l'animation et de la vie intense du Bazar de Damas. Morte l'industrie, mort le commerce; la malédiction partout !

Autour du Saint-Sépulcre, les ruelles sont tapissées de mendiants accroupis qui tendent vers le passant leurs mains contrefaites et lui montrent des plaies horribles, des maladies inconnues à nos climats. Comment les innombrables couvents de Jérusalem ne se donnent-ils pas pour mission d'abriter et de soulager tant d'infortunes? Morte, elle aussi, cette compassion que le Christ avait pour tous ceux qui sont travaillés et chargés. Il est bien encore là, comme à l'époque évangélique, ce troupeau d'aveugles, de lépreux, de paralytiques, d'hommes qui ont la main sèche, de boiteux et de démoniaques. Mais Il n'est plus là, Celui qui avait assez de puissance et d'amour pour dire : *Lève-toi et marche! Va, ta foi t'a sauvé!* et pour remplir d'allégresse tous ces pauvres cœurs brisés.

J'arrive à la forteresse de David; c'est un assemblage de constructions irrégulières qui remontent à des époques diverses et qui n'impose que par sa masse. Derrière un enchevêtrement de rues, le hasard me conduit sur une espèce de balcon qui surplombe des eaux mortes encadrées de maisons; ce serait l'étang d'Ézéchias. C'est, à coup sûr, un bouillon de culture pour les microbes, tant cette eau paraît empestée; mais un pan du ciel s'y reflète et lui donne quelque magie. Quelle fée que cette lumière des soirs d'Orient!

Je me précipite dans une boutique du nouveau bazar pour faire quelques emplettes. Que diraient parents et amis s'ils n'avaient pas, à mon retour, un souvenir de Jérusalem? Sur la montagne des Oliviers, j'ai déjà rempli mes poches de petites pierres blanches qui satisferont les moins exigeants; j'ai cueilli des branches d'olivier pour les âmes pacifiques, qu'un rien contente. Mais si le papa n'apportait à la maison que ces échantillons sans valeur, les mines s'allongeraient.

Je me mets en quatre pour plaire aux goûts de chacun. Il n'y a rien de bien original dans ces magasins semi-modernes; les articles le plus demandés sont des objets en bois d'olivier, des fleurs collées délicatement sur cartes, des bijoux portant le nom de Jérusalem, mais qui paraissent originaires d'Europe, des articles de piété, des bas-reliefs sculptés dans la nacre, par-ci par-là quelques vieux bibelots indigènes qu'il ne faut acheter qu'en connaissance de cause, si on ne veut pas être archivolé. Quand tout le monde est servi, je me souviens que mon dernier n'est pas baptisé; c'est un trait de lumière; vite je complète le chargement par l'acquisition d'une bouteille d'eau du Jourdain. Comme je parais un peu sceptique sur sa provenance, le marchand me montre sur le bouchon le cachet de cire des saints Pères et cette inscription dans le verre : *Aqua ex Jordane.* A moins d'être un incrédule de naissance, je n'ai qu'à m'incliner. Mon petit Jean a été baptisé de cette eau ; puisse le Seigneur le baptiser du Saint-Esprit et de feu !

Après une journée de fatigue, je ne sais rien de moins rafraîchissant que cette torture particulière qui consiste à se tenir en équilibre entre sa bourse et son cœur, entre ses désirs et la place qui reste libre dans la valise. J'y parviens tant bien que mal, mais je sors de là dans un état voisin de la cata-lepsie.

Je rentre au couvent de Notre-Dame et reviens peu à peu à la vie, dans le réfectoire. Vers la fin du dîner, nous sommes témoins d'une scène bien étrange; l'intention est bonne, sans doute, mais peu en harmonie avec l'esprit de l'Évangile. Pour rappeler à leurs hôtes le souvenir du divin Crucifié, voici ce que les bons Pères ont imaginé. Nous étions au dessert, dans cette vaste salle toute blanche de lumière électrique, et naturellement les gais propos allaient leur train. Autour des joyeuses tablées, les rires des jeunes dames montaient, le long des piliers massifs, vers la voûte du cloître ; les plaisanteries jetaient leurs notes profanes aux échos des mona-cales murailles. Hélas ! ce qui manque le plus, il faut bien l'avouer, c'est le recueillement austère qu'aurait dû inspirer la vue de Gethsémané, de la *Voie douloureuse* et des lieux qui furent le Prétoire, la Prison, le Golgotha. Tout à coup, les lampes électriques s'éteignent, plongeant la salle dans une nuit profonde, et dans le fond, derrière la table d'honneur, toute l'intensité de la lumière se porte sur une grande croix munie d'une infinité d'ampoules incandescentes, serrées les unes contre les autres et que traverse le courant. Dans l'obscurité qui règne, comment ne pas tourner les regards vers cette croix qui reste seule lumineuse? Devant cet incommensurable manque de tact et cette exhibition digne d'un Eldorado, j'ai peine à retenir l'expression de ma répugnance. Quelques touristes proposent un ban en l'honneur de la croix et de l'ingéniosité des saints Pères; d'autres sont assez sages pour retenir leur enthousiasme. C'était temps. Il ne semble pas qu'on puisse pousser plus loin le mauvais goût.

Mon sentiment religieux eut encore un autre choc à subir, en cette soirée du dimanche. Nous avions été avertis qu'après le repas un culte serait célébré dans la chapelle même du couvent. Je m'y rends, dans la pensée de m'associer à la prière, malgré la différence de foi qui nous sépare.

Le grand silence qui toujours pèse sur la morte

Jérusalem s'est fait plus grand encore ; c'est l'heure où le corps se détend de ses fatigues, où l'âme, avant de s'endormir, cherche les bénédictions

Le mont des Oliviers, vu du couvent de Notre-Dame-de-France.
(D'après une photographie de M. Jules Calas.)

divines. La chapelle est d'une architecture simple et bien appropriée à sa destination ; quelques lampes luttent çà et là contre l'obscurité ; de belles voix d'hommes montent lentement, pieusement ; je me laisse gagner, mon âme va les suivre pour porter aux pieds du Christ notre prière du soir. Dans le chœur, au-dessus de l'autel, se creuse une grotte d'azur qu'éclairent mollement des lampes bleues, et sur des semblants de nuages, trône une gracieuse image de la Vierge, bleue elle aussi, et pâle et blanche comme une apparition. Et ces belles voix d'hommes qui toujours chantent, et cette silhouette féminine, qui s'estompe dans la clarté bleuâtre, me font soupirer après l'austère religion du Christ, que je ne retrouve pas dans ce culte efféminé. Oh! comme elles sont vraies, les paroles de Jérémie: « Plusieurs bergers ont « gâté ma vigne; ils ont foulé mon partage. » (Jérémie, ch. XII, 10.)

Je me réfugie dans ma cellule, j'ouvre ma fenêtre; elle donne sur la pente qui descend vers la vallée de Josaphat, dans un noir mystère. Au dehors, c'est la nuit, avec son ciel plein d'étoiles; vers l'Orient, on devine la masse sombre de la colline des Oliviers, où les sanctuaires lointains allument leurs lampes discrètes; quelques hurlements de chiens errants ajoutent leurs plaintes à la désolation du silence et des ténèbres. Mais encore quelques heures, et la campagne et la ville crieront: Hosannah! devant le roi du jour. Pauvre Jérusalem, il y a une autre nuit qui pèse sur toi; tu as beau faire le guet, l'Étoile du matin tarde à paraître, le soleil de justice se fait attendre. « Éternel « des armées, jusqués à quand ? N'auras-tu point « compassion de Jérusalem et des villes de Juda ? » (Zacharie, I, 12).

CHAPITRE XII

Départ pour Bethléem. — Scènes bibliques. — L'aspect change. — La Bethléem des Rêves. — L'Église de la Nativité. — Haine sainte. — Le tapis arménien. — La messe grecque. — Mon petit manège. — Les nourrissons des saints Pères. — Dans la grotte. — Lampisterie sacrée. — Une cressonnière. — Regrets.

27 septembre.

Le lendemain matin, des voitures nous attendaient devant Notre-Dame-de-France, pour nous transporter à Bethléem. Comme équipages, c'est la seconde édition de la course à Baalbek. On monte là-dedans avec la délicieuse impression que la caisse peut se partager en deux ou trois, sous le plus léger prétexte, et les roues aller se promener sous les figuiers. Le départ est marqué par le plus inextricable embrouillamini; les roues du voisin s'engageant dans les vôtres, les brancards de l'une mettant le nez dans les harnais de l'autre, les chevaux allant barboter du museau dans le capotage qui précède;

CHAPITRE XII

le tout me rappelle une *Chaudrée de crabes*, au moment où ils sentent le feu ; passez-moi l'expression et l'image qui viennent en droite ligne de l'Ile de Ré. Enfin, chaque véhicule reprend peu à peu sa liberté d'allure, et nous dévalons, bride abattue, dans la vallée supérieure de Hinnon, pour remonter de l'autre côté et gagner le plateau sur lequel court la route qui se dirige vers Hébron, et que nous suivons jusqu'à son embranchement sur la cité de David.

J'en suis tellement revenu, de mes rêves sur la Terre-Sainte, que je m'embarque pour Bethléem avec à peu près la même émotion que si je partais pour mon annexe. J'ai le pressentiment que je ne retrouverai pas là l'impression de mes Noëls d'enfance.

Sur la route poudreuse et qui se confond souvent avec les champs en bordure, c'est un va-et-vient incessant ; chaque groupe que nous croisons nous offre un intérêt particulier, nous met sous les yeux une scène de mœurs qui illustre l'Évangile. Il faut rendre cette justice à l'Orient, que les aspects de la vie n'y sont pas monotones. Personne n'y ressemble à tout le monde, la fantaisie est dans l'air et dans la lumière ; la mode, qui ne plaisante pas sur les questions de principe, est très indulgente dans les applications que chacun peut en faire.

Assis auprès du cocher, pour être plus libre de mes regards, je jouis infiniment de cette promenade matinale dans la célèbre vallée des Rephaïm, où passait la frontière entre Juda et Benjamin. A mesure qu'on s'éloigne de Jérusalem, le paysage prend un aspect plus riant, la terre est mieux cultivée ; ce n'est plus cet éternel désert de pierres, les collines se couvrent d'oliviers et de vignes, les frondaisons deviennent moins rares, et l'on commence à comprendre l'expression qui revient si souvent dans les Écritures : « *Chacun se reposera sous sa vigne et son figuier.* »

Dans ce cadre, aux lignes si fines, viennent se placer les plus charmants tableaux. Voici une jeune femme assise avec aisance sur un âne ; elle tient dans ses bras son bébé, qu'elle enveloppe de plis flottants ; derrière, marche le père, surveillant la monture et son précieux fardeau ; un peu plus de précipitation dans la marche et ce serait la *Fuite en Égypte*. Maintenant, c'est une file de chameaux dont on entend les sonnettes claires balancées tout en haut des longs cous, pendant qu'en bas les longues jambes font des pas sans bruit... tenez, je risque le mot qui me trotte par la tête, des pas de *pneus*. Puis c'est un bédouin superbe, qui arrive peut-être des frontières de Moab, dont les montagnes bleuissent à quelques heures de marche ; il a laissé tomber les rênes sur l'encolure de sa fine jument, son fusil arabe repose en travers sur le garrot, ses jambes font une courbe gracieuse le long des flancs

Panorama de Bethléem.
(D'après une photographie de M. d'Allemagne.)

de l'animal; la bête est enveloppée de houppes flottantes, l'homme, de draperies; le tout est à ravir l'œil, c'est le temps du pas entre deux galops échevelés. Plus loin, c'est une jeune femme qui s'avance sur le bord de la route, calme et fière, dans sa robe à longs plis, la taille à l'aise dans un corsage chatoyant de couleurs et de broderies, la tête encadrée de fines étoffes qui retombent en voile de mariée, la gorge enchaînée d'anneaux d'argent et de pièces de monnaie, gracieuse image de Ruth la glaneuse.

Nous passons, sans nous y arrêter, devant le tombeau de Rachel, petite construction rustique et blanche, en grande vénération à la fois chez les Juifs, les Chrétiens et les Musulmans; elle marque l'endroit où Rachel mourut en donnant le jour à Benjamin, sur le chemin d'Éphrata. Quel recul de la pensée à travers les âges! Que tout cela diminue l'importance de notre durée.

Bientôt, nous atteignons les premières maisons de la petite ville pittoresquement perchée sur sa double colline. Par les rues étroites, la caravane s'engouffre, et nous voilà bondissant sur le sol inégal, en rasant les murailles. Il faut toute l'adresse de nos cochers endiablés pour nous tirer de ces mauvais pas. La première impression qu'on ressent diffère beaucoup de celle qu'on éprouve en franchissant les portes de Jérusalem. Là-bas l'âme est oppressée, ici elle se sent légère; là-bas la morne désolation monte de chaque pavé, ici le sourire s'épanouit sur les visages; les murailles sont moins rébarbatives, les portes entr'ouvertes laissent deviner un certain bien-être, une propreté relative; là-bas c'est le tombeau hanté par les oiseaux de la nuit, ici c'est le berceau avec son fort doux gazouillement. Autour de Bethléem, le paysage, se fait moins austère ; ce n'est plus la peau desséchée posée sur un squelette; il y a ici comme un manteau de chair recouvrant la contrée osseuse.

Les habitants de Bethléem sont, en presque totalité, chrétiens; cela suffit pour expliquer sa prospérité actuelle et le contraste qu'elle offre avec les autres cités où le croissant règne en maître. Le chiffre de la population s'élève à environ 7000 âmes, sur lesquelles on ne compterait que 300 Musulmans.

Le Prophète avait raison quand il disait : « Et toi « Bethléem, terre de Juda, tu n'es pas la moindre « entre les principales villes de Juda... » (Saint-Matthieu, II, 6). C'est là, en effet, que naquit le grand roi d'Israël, ce David célèbre par ses chants encore plus que par ses victoires, l'auteur inspiré de ces Psaumes qui sont la plus belle expression de la poésie religieuse et qui consolent encore aujourd'hui des milliers d'âmes. Mais il était réservé à la petite ville de Juda une gloire plus grande encore, celle d'abriter la crèche où Marie mit au monde son premier-né, le Rédempteur de l'humanité.

De cette ville, placée sur la montagne, est sortie

cette grande lumière qui, depuis dix-huit siècles, a éclairé tant de générations humaines. Mais on voudrait retrouver ici la Bethléem de ses rêves, la Bethléem du premier Noël, la Bethléem des simples, des âmes croyantes, de ceux qui n'ont jamais quitté leur clocher, qui n'ont jamais fait qu'en pensée ce cher pèlerinage. Hélas! hélas! avec la meilleure intention du monde, l'homme a renversé l'idéale cité, pour en construire une autre plus conforme à ses goûts de matérialisation; il n'a pas eu la main heureuse, il a fait violence à l'esprit. Sur cette grotte, dont nous n'avons aucune raison pour suspecter l'authenticité, il a construit un monument qui pèse sur l'âme, de tout le poids de ses très antiques murailles, et qui ne vaut pas le pavillon du ciel bleu. Autour de ce monument, il en a élevé d'autres, couvents et chapelles de toute dénomination; il en élève toujours. « Mais le Très-Haut « n'habite point dans des temples faits par la main « des hommes », comme dit le Prophète. « Le ciel « est mon trône, la terre est mon marchepied. « Quelle maison me bâtiriez-vous, dit le Seigneur, « ou quel serait le lieu de mon repos? » (Actes VII, 48—49.)

La caravane tumultueuse débouche avec son bruit de voitures estropiées sur la grande place, dont le fond est occupé par l'église de la Nativité.

A droite, débouche une rue très animée, où se vendent les articles de piété, qui constituent la grande industrie locale : chapelets, croix, coffrets

Bethléem. — Place du Marché.

en bois d'olivier, il y en a des montagnes; les masses de chapelets pendent aux devantures comme des stalactites. A gauche, la vue est libre, le terrain descend sec et foulé, tout bossué de tombes, et, par la grande échappée, le regard s'envole vers les jardins, la vallée des Caroubiers et les collines moutonnantes. Cela, voyez-vous, c'est le coin du bon Dieu; je le savoure, parce que je me méfie du reste.

Avant d'entrer, je vais détacher une motte de terre, que j'emporterai pieusement vers ma lointaine demeure; je m'étonne de la trouver semblable à tant d'autres, je la voudrais marquée de quelque signe surnaturel, cette terre sur laquelle a brillé l'étoile des Mages. O vous, les âmes pieuses, qui ne passez pas un seul jour sans parcourir en compagnie de votre Maître ces sites familiers où il est né, où il a vécu, où il a pleuré, où il a souffert, où il est mort; qui revoyez ces routes de la Judée, de la Samarie, de la Galilée, dites-moi si vous n'avez pas quelque peine à croire cette terre, que son pied divin a foulée, pareille à celle où vous marchez! Malgré nous, nous prêtons à la Canaan d'ici-bas quelque chose des splendeurs de la Canaan céleste. Si vous tenez à vos visions mystiques, ne venez point ici.

Entrons, maintenant. Vous vous imaginez que le temple qui marque la place où Jésus est né est largement ouvert à tous ceux qui viennent de l'Orient et de l'Occident, du Nord et du Midi, ou que, semblable à la cité de l'Apocalypse, l'église de la Nativité a douze portes, pour bien montrer l'universalité de la religion inaugurée par le Sauveur des hommes;

détrompez-vous; il n'y a qu'une porte dérobée dans un angle de la façade, une porte peu accueillante, une porte qui n'en est pas une, tant il faut courber la tête pour la franchir. La crainte des Musulmans en a fait une poterne. En face de cette misérable ouverture, aux consoles resserrées et au linteau surbaissé, on se prend à dire avec David, le grand poète de Bethléem: « Portes, élevez vos têtes; « portes éternelles, haussez-vous, et le roi de gloire « entrera! » (Psaume XXIV, 7.)

Je ne suis pas plus grand qu'un autre, mais je n'aime pas à plier l'échine. Malgré ma répugnance, il faut bien en passer par là, et je la plie. Un sombre vestibule donne accès dans la grande nef. Elle a de belles proportions, avec ses rangées de colonnes, dont les architraves supportent les membres d'une charpente apparente. Contrairement aux habitudes, point de tableaux, de statues; les grands murs sont nus, et tout en haut on distingue des restes de mosaïques. Cette partie de l'église, n'étant pas destinée au culte, répond assez à l'idée qu'on se fait d'une église désaffectée. Les habitants de Bethléem en font une sorte de galerie couverte, où l'on va se promener, rouler des cigarettes et causer, à l'abri du grand soleil qui darde sur la toiture, et je suis sûr que, s'ils pouvaient passer par la porte, on y conduirait les descendants des animaux de la crèche où Marie mit au monde son fils. Pas trace de respect religieux, cela va sans dire. Le plus antique sanctuaire chrétien qui existe est devenu un lieu de rendez-vous profane. On le fait remonter au premier tiers du IIIe siècle; son grand âge mériterait plus d'égards.

Comme toute église qui se respecte, l'église de la Nativité a un chœur; en l'espèce, c'est la partie principale, car c'est ce chœur qui recouvre la grotte où la tradition place la naissance de Jésus. Les Grecs, pour bien montrer qu'ils étaient chez eux dans ce lieu très saint, l'ont séparé de la nef par un épouvantable mur de cinq ou six mètres de hauteur, aussi horrible au point de vue artistique que comme explosion de sentiments anti chrétiens. Ce qui n'empêche qu'un immense crucifix se dresse sur ce monument de la haine religieuse. Le fanatisme n'y regarde pas de si près. Nos journaux cléricaux les plus violents, les innombrables *Croix* qui ne respirent que ce que respirait saint Paul avant sa conversion, ne portent-ils pas en vedette l'image du Christ en croix?

On pénètre dans le chœur par deux portes, au fond des nefs latérales; celle de droite est réservée aux Grecs exclusivement; celle de gauche est commune aux Grecs et aux Arméniens; c'est par celle-là que nous entrons, elle est peut-être moins sacrée que l'autre.

Si dans le compartiment voisin la décoration fait défaut, elle prend bien sa revanche ici ; tout au fond règne en maître l'iconostase grec, avec ses chandeliers monumentaux, ses niches à saints, ses dorures, ses torsades et toutes ces choses qui pendent : lampes, lustres, chaînes d'œufs d'autruche, un bric-à-brac insensé. Le long des piliers, à chapiteaux corinthiens, s'estompent de vagues figures apostoliques et se suspendent d'affreuses croûtes qui ont la prétention de représenter quelque chose de particulièrement vénérable ; à droite, c'est le trône du patriarche grec ; à gauche, c'est l'autel des Arméniens, avec son ornementation enfantine et ses boiseries vieillottes ; aux murs étincellent des cadres dorés, qui font ressortir une toile enfumée où l'on distingue des auréoles de vierges avec l'auréole, plus petite, du *Bambino*.

Des moines de tout ordre, des prêtres de toute robe, vont, viennent, chargés d'ornements sacrés, d'ustensiles nécessaires à la piété, de bannières et de cierges ; leur démarche, leurs gestes, leurs génuflexions, leurs signes de croix sont d'un machinal à vous faire douter s'ils portent une âme qui s'émeut aux souvenirs, qui chante avec les anges de Noël, qui pleure sur la sombre tragédie du Calvaire ; c'est comme une adoration automatique. Après tout, la constitution humaine ne résisterait pas à une continuelle tension vers les mystères sacrés ; l'âme donne le branle de temps en temps, espérons-le du moins, et le corps exécute, dans les intervalles.

Ce qui a l'air mieux senti, par exemple, c'est la haine que se sont vouée les différentes confessions ; on la prend sur le vif dans les regards que se lancent Arméniens et Grecs, Grecs et Latins. Seuls, les soldats turcs qui montent la garde, perchés sur de petits socles en bois, qui défendent leurs pieds, veufs de chaussettes, contre le froid des dalles, conservent leur visage bon enfant ; tout leur être respire l'indifférence et un incommensurable ennui ; mais, s'ils n'étaient pas là, ce serait une effroyable mêlée ; les crucifix auraient du sang jusqu'aux genoux.

En 1873, tous ces moines se sont battus comme des portefaix, dans ces lieux où ont retenti les sublimes paroles : *Paix sur la terre et bonne volonté envers tous les hommes* ; plusieurs sont restés sur le carreau. Tout récemment, un cawas russe a été injurié et frappé par un moine franciscain ; comme les cawas des consuls ont tout ce qu'il faut pour se faire respecter, celui-ci abattit le moine d'un coup de pistolet. M. G. Larroumet, dans un livre récent, affirme que l'affaire n'a pas eu de suite, grâce à l'alliance franco-russe. Le cawas en a été quitte pour prendre la poudre d'escampette. Comme tout cela est édifiant !

L'histoire du tapis arménien est typique et montre bien dans quel état d'exaltation vivent ces disciples du Dieu d'amour. Les moines franciscains ont une porte qui leur permet d'entrer dans le chœur et fait communiquer leur couvent, attenant à l'église, avec l'entrée de la grotte, où ils vont dire la messe à leur tour ; ils ont droit de passage sur une ligne diagonale qui traverse le transept. C'est une piste de guerre. Sur la gauche se trouve l'autel arménien, dont le front est garni d'un tapis qui vient jusqu'à la limite du sentier dont la libre disposition reste aux Franciscains. Une nuit, ce tapis, pris d'une folle croissance, se mit à empiéter sur le domaine du voisin ; la nuit suivante, il grandit encore de quelques centimètres, au détriment de la voie latine, obligeant les habitués à faire un détour, pour éviter les franges de la carpette. Qu'elle arrive, peu à peu, jusqu'au mur en face, et c'en est fait du droit de passage ; l'escamotage est consommé.

Pour couper court à ces envahissements progressifs, les moines latins s'armèrent de ciseaux, et formant bataillon carré, vinrent, à la faveur des ténèbres, trancher tout le coin de tapis qui avait franchi la frontière ; l'escouade arménienne arriva trop tard sur le terrain, la mutilation venait d'avoir lieu ; une bagarre s'ensuivit, mais les soldats turcs accoururent et, tapant dans le tas, les séparèrent. Le malheureux tapis écorné a battu en retraite et regagné ses positions; et n'allez pas dire que c'est un conte, j'ai vu de mes yeux le glorieux blessé. Quelle ardeur belliqueuse brillait dans le regard du Franciscain qui nous racontait les exploits de cette guerre sainte ! Et si vous alliez dire à ces gens-là qu'ils ne comprennent pas le premier mot de l'Évangile, ils vous anathématiseraient de belle façon !

On accède à la crypte par deux escaliers qui s'enfoncent dans le sol, de chaque côté du chœur, juste au-dessous de l'autel et de l'iconostase des Grecs. A l'heure où nous arrivons, la grotte est occupée par un détachement de prêtres grecs, qui disent la messe. Défense d'y pénétrer pendant l'office; du reste ce serait bien difficile; ils sont entassés les uns sur les autres, et la buée qui s'échappe du souterrain n'a rien d'engageant. Je retrouve là les senteurs des Lavra de Russie. Mais on peut toujours voir, et je m'assois commodément sur une des premières marches, les yeux avidement fixés sur ce qui se passe dans le fond, les oreilles tendues aux sons étranges qui m'arrivent avec des bouffées d'air chaud et de vapeurs humaines mêlées d'encens. La cérémonie bat son plein. Je n'en vois naturellement qu'une partie, celle qui touche au bas de l'escalier, et cela me suffit pour deviner le reste ; c'est la pareille de celle dont j'ai été témoin au Saint-Sépulcre. J'aperçois en entier deux ou trois figurants qui marmottent des litanies en agitant des instruments bruyants, et dans la perspective qui fuit sous la voûte d'entrée, je vois des demi-corps, des bras, des jambes, des pieds dont les propriétaires doivent être occupés aux mêmes exercices, si j'en juge par la clameur qui sort de là. Je désirais en voir et en entendre toujours davantage, aussi à mesure que ma curiosité grandissait, tout doucement je me laissais glisser d'un degré, avec des frottements de cul-de-jatte, me faisant aussi imperceptible que possible, pour ne pas attirer l'attention sur mon petit manège. J'avais déjà fait pas mal de chemin, et mon regard prenait en enfilade le sombre passage piqué de lampes qui conduit au centre de la grotte, quand, pour les motifs que je vais dire, je dus faire lestement machine en arrière.

A un moment, je vis sortir des rangs un éphèbe à l'air le plus inoffensif du monde ; il passa près de moi, puis disparut par une porte de sacristie. Il leur manque quelque chose, pensais-je, encens ou pain bénit. J'étais loin de compte. Après quelques minutes d'absence, le jeune moine regagne son poste, et passe encore près de moi en me frôlant de sa robe sacrée. Jusqu'ici rien que de très naturel.

J'étais de plus en plus absorbé par le spectacle souterrain, quand tout à coup j'aperçus, faisant des bords entre mes jambes, une araignée formidable de la grosseur d'une croquignole ; elle était noire, elle était velue, elle vous avait des airs de bête méchante et courroucée à donner le frisson. Je n'ai plus l'élasticité de jadis, mais vous pouvez m'en croire, je fus vite sur mes pieds par un bond de diable dans un bénitier. A peine debout, que vois-je encore ? J'étais presque assis sur un horrible mille-pattes de la longueur d'un manche à couteau ; il était brunâtre, il était hérissé, il vous avait des airs de bête venimeuse et hypocrite à donner un frisson de plus. Pris d'une folle terreur, je me mets à secouer mes pantalons, comme si je me sentais envahi par toute la vermine des tropiques; j'éprouve, de bas en haut, les chatouillements d'une infinité de petits crochets qui m'arrachent la peau, de mandibules invisibles qui me harcèlent. Je remonte les escaliers quatre à quatre, à la grande joie des soldats Turcs, que ma danse de Saint-Guy désennuie fort, et au grand ébahissement de mes compagnons de route, qui se demandent si je ne suis pas en proie à une fièvre chaude. Ah ! on ne m'y reprendra plus à aller voir de trop près les cérémonies du culte grec!

Les uns me disent : c'est la chaleur de votre

corps qui aura engagé ces vilaines bêtes à sortir des joints de la pierre; un moine latin me fournit une autre explication et me glisse dans le tuyau de l'oreille que c'est peut-être bien le jeune collègue qui, en passant près de moi, les aura laissé choir pour me mettre en fuite. L'idée ne m'en serait pas venue, mais puisque c'est un habitant du saint lieu qui me la suggère, je vous la transmets telle quelle. Ces gens-là se connaissent, ils savent ce dont ils sont capables. A votre aise, messeigneurs, nous vous laissons manier les araignées et les mille-pattes, puisque cela rentre dans le cadre de vos exercices de piété ! De l'affaire retenons ceci : c'est qu'un moine peut croire un autre moine capable de pareille vilenie, à deux pas de la crèche de Bethléem; jugez par là de l'atmosphère religieuse qu'on y respire.

La messe grecque est finie, et, avant qu'une autre communauté vienne prendre la place, les touristes du « Sénégal » sont admis à visiter la grotte de la Nativité. Je descends les fameuses marches, mais sur la pointe des pieds; il me semble que je les vois encore, les charmants nourrissons des saints Pères !

La forme de cette grotte est celle d'un corps humain, les bras en croix et relevés; la tête serait l'autel même qui marque le lieu où Jésus vint au monde; les bras seraient les deux entrées sous le chœur; quant aux jambes, elles se réduisent en une seule qui se replie en mille contorsions, à travers le rocher. Elle est longue environ de 12 mètres, large de 4 mètres et haute de 3 mètres, un vrai trou de taupe. A force de vivre là-dedans, la vue doit s'oblitérer, comme cela arrive aux animaux des grandes profondeurs. Je me demande même si la vue spirituelle y résiste.

Le clinquant d'en haut se retrouve ici : toujours ce luxe de mauvais aloi, ces objets de bazar parisien, ces broderies de fabrique, ces tentures tout imprégnées de l'odeur des huiles brûlant sans cesse et de la moiteur des respirations.

On n'a pas idée de l'importance que prend la question de l'éclairage, dans ces sanctuaires de la Terre-Sainte. L'âme humaine est faite pour la lumière, et quand elle manque de celle de l'Esprit, elle allume des cierges et des lampes. Ainsi, devant la niche qui abrite l'autel du Fils de Marie, brûlent quinze lampes, ni une de plus ni une de moins; cinq appartiennent aux Arméniens, quatre aux Latins et six aux Grecs. Et il ne faudrait pas que le lampiste latin se mêlât de toucher aux lampes de son confrère grec ou arménien, ce serait un *Casus belli*; les mèches partiraient toutes seules. La guerre de Crimée est née d'une question de ce genre : le changement d'une inscription que les Grecs voulaient en leur langue.

Je m'arrête devant le lieu où Jésus est né. C'est une tradition qui remonte au IIe siècle et que je ne me permettrai pas de contester.

Oh! je sais comment vous vous représentez ce lieu sacré ! Vous voyez, d'un côté, l'hôtellerie toute remplie de gens qui ont la bourse bien garnie; de l'autre, l'écurie où l'on veut bien admettre le pauvre couple fatigué; vous apercevez la crèche dans la demi-obscurité, les bottes de paille en réserve dans un coin, les diverses montures des voyageurs broyant les tiges de maïs, les bœufs de labour du propriétaire couchés sur la litière, les brebis parquées ensemble, et les grandes toiles d'araignées que jamais on ne dérange. De cette scène, de toutes ces braves créatures du bon Dieu, il s'échappe un charme tranquille, une rustique poésie qui bercent l'âme et la disposent aux cantiques des anges; vous voyez presque l'étoile qui conduit les Mages à travers collines et vallées. J'avais vu comme vous, dans la méditation des nuits de Noël.

Eh bien, permettez-moi de vous dire que ce n'est pas cela, oh! mais pas du tout, c'était le rêve. Voici la réalité : Une sorte de cheminée encadrée de rideaux et creusée dans le roc; sur le manteau, quelques objets de piété protégés par une grille;

au-dessous, un âtre formé de faïences blanches qui reflètent l'éclat des lampes suspendues à l'intérieur ; sur le foyer, une étoile d'argent percée à son centre d'un orifice large comme une pièce de cent sous et précédée de l'inscription latine : *Hic de Virgine Mariâ Jesus Christus natus est*. Et vous voulez que je jette mon âme dans cette cheminée pour la faire brûler d'un saint amour, que je dépose sur ce foyer l'encens de mes prières et de mon adoration. Non, mille fois non ! Rendez-moi l'espace immense, la mer de collines, la nuit bleue de Noël et l'étoile d'or.

La grande majorité des touristes du « Sénégal » défile devant ce lieu vénérable, mais si outrageusement défiguré, avec un petit air dégagé et sceptique ; seules, deux ou trois dames se prosternent et vont appliquer sur l'étoile d'argent un baiser qui me semble manquer de conviction ; de leurs lèvres, elles cherchent à atteindre le rocher par le trou central. Machinalement je fais comme elles, mais avec le doigt, et sans la moindre envolée de l'âme. Décidément, je suis réfractaire à toute émotion religieuse m'arrivant par ces voies-là.

En avançant vers le fond de la grotte, on trouve, à gauche et au pied d'un des escaliers, la chapelle de la crèche ; c'est une simple excavation du rocher pouvant contenir deux ou trois personnes. Là encore on rencontre des anachronismes à vous faire dresser les cheveux. Je note une représentation de l'Enfant Jésus en cire, et je détourne la tête.

La galerie s'enfonce sous le rocher ; l'air devient plus empesté, il est archibrûlé par les lampes saintes et par ces autres lampes qu'on appelle les corps humains, qui incessamment circulent là-dedans, depuis que l'impératrice Hélène a donné le branle.

A chaque pas, c'est quelque antique tradition qui vous arrête ; voici, par exemple, le puits où aurait bu la sainte famille, et, comme ce n'était pas assez de ce souvenir, on a trouvé plus prodigieux encore. L'étoile des Mages, dit la légende, est tombée dans ce puits, mais les vierges seules peuvent la voir. Personne ne se présente. Plus loin, les parois du rocher se resserrent, il faut avancer en file indienne, et on passe successivement dans des parties élargies, transformées en chapelles : chapelle de Saint-Joseph, chapelle des Innocents, autel de Saint-Eusèbe ; enfin, on arrive au tombeau de saint Jérôme et à la cellule où ce savant aurait écrit la traduction latine de la Bible, connue sous le nom de *Vulgate*. Si c'est réellement là qu'il travaillait, il n'a pas dû être souvent dérangé par les visites. J'avoue que j'ai hâte de me dégager de ces ténèbres par trop symboliques.

Un moine franciscain nous invite à le suivre dans son couvent, qui touche à l'église de la Nativité; il veut nous en faire les honneurs, et nous commençons par l'église Sainte-Catherine, qui est du dernier moderne.

Nous nous livrons ensuite à une marche forcée à travers des couloirs interminables où les touristes, à bout de forces, s'égrènent les uns après les autres, et quand nous parvenons sur les terrasses qui servent de toitures, nous ne sommes plus que deux ou trois ascensionnistes endurcis. Certes, nous sommes bien dédommagés par la vue qui s'offre à nous; j'en donnerais des cavernes, des excavations et des petits Jésus en cire, pour ce rayonnement, pour ces profondeurs d'horizon et cette coupole d'azur. Avec une grande affabilité, le brave moine nous indique dans le lointain tous les lieux consacrés par les souvenirs bibliques; il ne tarit pas. Dans le fond, l'incomparable barrière bleue des monts de Moab, dominée à un certain endroit par une bosse qui nous est signalée comme étant le mont Nebo, sur lequel mourut Moïse. Ah! ici mon âme commence à frémir et à sentir passer sur elle le souffle des grands souvenirs.

Y a-t-il sur le mont Nebo quelque horrible chapelle avec des lampes, des œufs d'autruche, des araignées et des mille-pattes? Je n'en sais rien; en tout cas, je ne la vois pas d'ici ; je ne vois que la noble ligne tracée par la main du bon Dieu au bas de la grande page qu'est le ciel, et cela me suffit, je lis le reste. Plus près de nous, dans la plaine bien cultivée, le religieux nous montre le *champ des Pasteurs*, où les bergers gardaient leurs troupeaux pendant les veilles de la nuit ; puis, c'est le champ de Booz, où Ruth allait glaner ; sur ces collines, dont les dos se serrent les uns contre les autres, le jeune David s'exerçait à manier la fronde ; c'est là qu'il charmait ses longs loisirs de pâtre, en s'essayant à la poésie et au jeu de la harpe ; là que Samuel l'envoya chercher pour lui révéler sa glorieuse destinée. Il semble que toute l'histoire d'Israël passe sous mes yeux, dans ce qu'elle a de plus austère, de plus gracieux, de plus illustre et de plus tendre. Je prête l'oreille au Verbe de Dieu.

Sur cette terrasse, chauffée à blanc et de tous côtés au soleil exposée, vous ne devineriez pas ce que j'ai trouvé ?... Une cressonnière ! Voici comment a été réalisée l'invraisemblable entreprise. Dans une caisse en bois, qui a dû contenir jadis du savon de Marseille ou des pâtes alimentaires, se trouve une bonne couche de terre ; au-dessus est maintenue une boîte en fer-blanc, épave d'une fabrique de biscuits, et remplie d'eau ; au-dessous et à l'autre extrémité, un récipient de même nature destiné à recueillir le trop-plein de l'eau courante, car elle est rare, et il faut l'économiser; la communication entre le sol ensemencé et les deux réservoirs se fait au moyen de bouts de corde qui jouent le rôle de siphons; quand le vase inférieur est plein, on le vide dans celui d'en haut, et l'infime ruisselet recommence sa tache fécondatrice. C'est ingénieux, c'est simple, mais il fallait le trouver, et être furieusement possédé du démon d'*aller à la fontaine pour cueillir du cresson*, comme dit la chanson. Avec quel amour notre moine contemple son domaine aérien. Jamais seigneur ne fut plus fier de ses terres, de ses parcs et de ses ruisseaux; il y a dans ses yeux des tendresses maternelles pour ces quelques feuilles anémiques, baignées d'eau tiède. Quand je pense que tout à l'heure ces mêmes yeux brillaient d'ardeur guerrière au souvenir d'une nuit de Noël passée à monter la garde autour de l'étoile d'argent! Il s'agissait d'empêcher les Grecs d'empiéter sur les droits des Latins. Les deux camps, toute la nuit, se surveillèrent les armes à la main, ou plutôt sous la robe d'uniforme. Et qu'auriez-vous fait, lui disais-je, si les Grecs avaient avancé? — Nous aurions tapé. — Mes Pères, je ne puis que vous engager à manger du cresson et à en manger beaucoup... c'est rafraîchissant.

Sur la place du Marché, les voitures nous

attendent ; je ne puis pas dire que les chevaux piaffent d'impatience, car ils savent les coups qui les attendent ; comme eux, nous prolongerions la sieste à Bethléem, mais le temps presse, nous avons à déjeuner en arrivant à Jérusalem, à faire nos préparatifs de départ pour être à la gare à une heure. Je dis adieu à Bethléem sans grande émotion, je l'avoue ; c'est surtout maintenant que mon âme est aux regrets, quand j'y pense. S'il m'était donné de la revoir, je n'irais pas m'enfermer dans la grotte aux lampes, je préférerais m'arrêter sur les collines.

J'ai célébré deux fois le souvenir de Noël, depuis que mes yeux ont vu le lieu historique où Jésus est né, et je me demande si je ne préfère pas les Noëls d'avant. Ils avaient quelque chose de plus flottant, de plus mystique, de plus en dehors de ce monde ; ils avaient comme une fraîcheur d'enfance prolongée, c'étaient comme des visions de choses angéliques et de suaves tendresses, qu'un lien très lâche rattachait aux réalités d'ici-bas ; maintenant ils ont quelque chose de plus, mais sûrement quelque chose de moins ; les impressions qu'ils font naître sont devenues plus précises, s'adaptent aux choses vues et touchées, l'âme plane un peu moins haut, le souvenir de ce qu'elle a contemplé des yeux de la chair remplace, malgré elle, les créations de ses rêves; ce qu'elle gagne en sûreté de contours, elle le perd en facilité de l'essor. Mes Noëls se sont localisés, modernisés, un peu rapetissés, je le crains. Ah! que Dieu a bien fait de ne pas permettre que cette Terre sacrée fût autre chose que le théâtre extérieur sur lequel s'est déroulée l'histoire de ses miséricordes envers nous! Et c'est encore dans les Écritures et dans l'âme humaine que nous sentons le mieux palpiter les grands faits chrétiens.

CHAPITRE XIII

De retour à Jérusalem. — Le tombeau des Rois. — Je quitte ma cellule. — Jérusalem disparaît. — Les brebis de là-bas. — La rentrée à bord. — Heures exquises. — En Crète. — La butte aux drapeaux. — Musique Turque. — Allegretto dans la poussière. — C'était écrit! — En rade de Messine. — Un autre monde. — Dans les rues. — Le Campo Santo.

Par grand soleil et grande poussière, dans un jour aveuglant, nous voici de retour à Jérusalem. Pour nous dégourdir les jambes, nous nous rendons, mon frère et moi, aux Tombeaux des Rois, situés sur la route de Naplouse, qui commence à la Porte de Damas. C'est un quartier tout moderne, parsemé de villas au milieu des oliviers. A gauche, un terrain vague où sont couchés des chameaux, dans le plus pittoresque désordre, de quoi tenter la Photo-Jumelle. Pour ce coin de vie orientale, je renoncerais volontiers aux tombeaux, mais le touriste a des devoirs. Je vais donc consciencieusement mettre le nez dans les innombrables couchettes funèbres qui caractérisent ce monument d'un goût tout spécial. Ce qui m'intéresse le plus, c'est une vache qui a élu domicile dans la cour attenante aux chambres mor-

« Coin de vie orientale ».
(D'après une photographie de M. Jules Calas.)

tuaires, taillées en plein rocher. Des rois, pas de traces; pas le plus petit os à empocher pour mes collections. La vache nous regarde avec un certain ahurissement; elle a cent mille fois raison.

Au retour, nous coupons à travers champs, pour gagner le couvent de Notre-Dame. Pour la dernière fois mes pieds foulent le sol de la sainte Jérusalem, et, en pensant aux amis qui envient mon sort, je complète mon chargement de cailloux et de mottes;

Jérusalem. — Champs d'oliviers.
(D'après une photographie de M. Jules Calas.)

je récolte surtout une quantité de petits cubes de pierre, qui ont dû faire partie d'anciennes mosaïques.

Pour la dernière fois, j'entre dans ma cellule; elle a été hospitalière et douce, j'y ai dormi d'un bon sommeil, après les fatigues de la journée; j'y ai élevé mon âme vers le Dieu qui est toujours le même, hier, aujourd'hui et éternellement. Je la quitte, hélas! parce qu'il faut tout quitter sur cette pauvre terre, après une possession d'un jour, mais avec la ferme espérance qu'après avoir franchi les portes de la Jérusalem céleste, « *mon habitation sera dans* « *la maison de l'Éternel pour longtemps.* » (Ps. XXIII, 6.) — Nous prenons congé des bons Pères qui nous ont admirablement soignés; je n'avais jamais serré tant de mains ecclésiastiques, je le fais de bon cœur. En guerre contre les idées, tant que vous voudrez, mais *bonne volonté envers les hommes.*

En voiture, Mesdames et Messieurs! crie notre brave M. Amphoux, plus une minute à perdre. Je saisis ma valise, j'en ai ma charge, grâce à mes nombreuses acquisitions et aux spécimens géologiques que j'emporte. J'ai dû tirer sur les sangles, pour comprimer son terrible bâillement, et sa peau ballonnée m'indique que la digestion des pierres et des mosaïques se fait mal. Je suis tenu à des ménagements et la mets sur mes genoux ; si je la confiais au cocher, une catastrophe serait certaine.

Un train spécial nous attend pour nous conduire à Jaffa; en quelques tours de roue, Jérusalem disparaît pour jamais à nos regards, avec ses créneaux et ses tours. Nous descendons à toute vapeur dans les vallées pierreuses, au milieu des échos de notre machine haletante. Puis, la plaine de Saron est atteinte; sur son sol brun les ombres se font déjà plus grandes, les grands chardons fantômes s'étendent

Tombeaux des Rois.
(D'après une photographie de M. Jules Calas.)

à perte de vue, et dans les champs déserts, quelques rares bergers surveillent leurs troupeaux, évoquant l'image du Bon Berger.

Bien curieuses, ces brebis de Palestine; elles ne ressemblent pas plus aux nôtres qu'un Parisien ne ressemble à un Oriental. Parlons du nez, d'abord ; il va sans dire que je ne me fais le champion d'aucune forme de nez particulière ; j'admets le nez juif, le nez nègre, voire même le nez camard ou celui de Cyrano ; mais, en vérité, ces brebis ont un nez qui ne rentre dans aucune des classifications connues ; c'est une importation directe de la bosse du chameau. Passons à l'autre extrémité ; là encore, nous nous trouvons en présence d'un appendice que l'on ne saurait ranger dans les queues existantes ; ce n'est ni la queue de renard, ni la queue de rat, ni la queue de la poêle, ni la queue de morue ; c'est comme un volume de Littré que la bête traînerait après elle pour faire l'école... buissonnière.

Nous sommes en gare de Jaffa. Il faut se hâter, la nuit descend vite, et l'embarquement doit se faire pendant qu'on y voit encore ; autrement on serait à la merci des forbans.

Par suite d'un oubli, qui m'oblige à revenir à la gare pour y chercher une pèlerine laissée en arrière, je passe par toutes les transes d'une course ventre à terre, avec une horrible peur d'être laissé pour compte sur les quais de Jaffa. Heureusement, je trouve M. Amphoux à l'entrée du Bazar ; il était en retard comme moi, mais pour sa comptabilité. Tous nos compagnons ont déjà pris le large, et je profite du canot des Messageries Maritimes réservé à la Direction. Nous franchissons la passe, fièrement enlevés par les matelots du « Sénégal »; j'aime mieux avoir affaire à eux qu'aux pirates de Jaffa. Nous dépassons une lourde barque chargée de touristes; elle n'a pas l'air d'avancer; elle flotte un peu à l'aventure, tout près des écueils. Nos amis en sont sans doute à l'agréable moment du bakhchîch; comme l'obscurité est presque complète, ils ne doivent pas s'amuser. Mon frère se trouvait justement dans le convoi, et il m'a avoué qu'il n'était qu'à demi rassuré.

La houle nous fait valser en chœur au bas de l'échelle; les fanaux sont allumés; matelots et bateliers ne nous perdent pas de vue, prêts à nous empoigner en cas de malheur. Nous nous tirons tous d'affaire plus ou moins lestement, et le livre de bord n'aura pas autre chose à signaler que la perte du chapeau de monsieur l'abbé L. Mais il faut voir avec quel soin notre commandant fait visiter les barques, avant de les renvoyer. Ses hommes regardent dans toutes les cachettes possibles, pour s'assurer qu'aucune de nos valises ne revient à Jaffa, ce qui montre quelle confiance on peut avoir en ces honnêtes industriels.

Sur le « Sénégal », nous nous sentons enfin à l'abri et surveillons moins nos poches; je vous donne ma parole que c'est un repos d'esprit très appréciable. J'en profite pour m'abandonner au charme, un peu douloureux, de cette soirée où je dis adieu pour toujours à cette terre sacrée, que j'avais tant désiré de voir.

Jaffa sort de l'ombre avec ses cubes blancs, comme une ville phosphorescente; à droite et à gauche, s'enfuient les dunes de sable, bordant d'un filet clair la masse sombre des eaux. Le « Sénégal » lève l'ancre, puis plus rien ne se distingue de cette terre qui s'est évanouie comme un fantôme. L'impression que j'en emporte, c'est que je m'y suis senti dépaysé spirituellement et religieusement. Cela, c'est une amertume; je ne sais pas s'il en est de plus grande! Mais n'est-ce pas le sort de l'âme, cette fille du ciel; ne goûte-t-elle pas un peu partout sur la terre à cette coupe amère?

Nulle part je n'ai ressenti ces transports dont je m'étais promis une fête sacrée. Cela tient, sans doute, à mon éducation huguenote, qui fait que je n'attache aucun prix à ce qui n'est pas le culte en esprit, et peut-être aussi à la rapidité avec laquelle j'ai traversé ces lieux sacrés. Pendant un séjour plus prolongé, le calme se serait fait dans mon esprit et dans mon cœur; j'aurais pu choisir mes heures, m'abstraire et mieux glaner dans le champ des souvenirs. Mais ce que je n'ai pas trouvé au moment même, je l'ai trouvé depuis, quand, revoyant par la pensée ces rues, ces sentiers, ces bosquets d'oliviers, ces dos de collines, qui rendent si vivante la belle image du Psalmiste : « *Montagnes, pourquoi* « *avez-vous sauté comme des moutons, et vous, côteaux,* « *comme des agneaux ?* », j'ai pu y replacer la figure adorable du Christ.

28 septembre.

Nous voici de nouveau sur notre beau navire, en plein désert des eaux, et c'est une impression délicieuse que ce calme de la mer, après tout cet éparpillement d'âme. Ici, la nature parle seule, et je ne sache pas qu'il soit une voix mieux faite pour apaiser et doucement pousser à rêverie. La contemplation de ces plaines d'azur, qui n'ont gardé aucune trace du passé et sur lesquelles l'homme n'a jamais marqué l'empreinte de ses pas, n'exige aucun effort, et à les voir dans leur éternelle jeunesse, on peut tranquillement oublier qu'elles ont une histoire. C'est ainsi que nous avons passé quelques journées d'un nonchaloir exquis, entre ces deux choses simples : le ciel et la mer.

29 septembre.

Le charme a été rompu pendant quelques heures, lorsque nous avons touché à la Crète et que, dans la baie de *la Sude*, nous avons vu un coin du tapis *bleu* de la diplomatie européenne. Nous avons navigué au milieu de ces formidables cuirassés qui sont venus là faire assez piteuse mine, alors qu'ils pouvaient se couvrir de la plus pure gloire, en em-

Cuirassé dans la baie de la Sude.
(D'après une photographie de M. Jules Calas.)

pêchant le massacre de 300,000 Arméniens. Dans la ville de la Canée, à moitié ruinée, et sur laquelle les soldats des six grandes puissances montent la garde, nous avons assisté à un autre tableau de cette tragi-comédie, dont le dénouement s'est fait attendre et dont les historiens futurs auront de la peine à débrouiller les fils.

Débarqués à la baie de la Sude, les touristes du

« Sénégal » se rendent à la Canée, distante de quatre ou cinq kilomètres, qui en voiture, qui à cheval, qui à âne. Je choisis ce dernier système

Baie de la Sude. — Cuirassé italien.
(D'après une photographie de M. Jules Calas.)

pour voir plus à loisir; grâce à cette manie que j'ai de ne m'arracher à mes contemplations que quand je ne puis plus faire autrement, je reste le tout dernier sur la route. Bientôt, je suis enveloppé d'une nuée de naturels montés et à pied, qui me font escorte, hurlent autour de moi, tapent sur ma monture et m'ont tout l'air de vouloir me faire un mauvais parti. Je me demande si on ne va pas battre sur mon dos les escadres européennes. Décidément, il me tarde d'arriver en lieu sûr, et je ne jouis pas sans arrière-pensée du spectacle magnifique qu'offre la nature; d'autant que de tous côtés ce ne sont que maisons éventrées par les derniers combats, restes d'incendies et éraflures de balles. Je ne respire un peu qu'en arrivant sur le quai de la Canée, où je retrouve mes frères du « Sénégal ». Tout est bien qui finit bien.

Nous avons deux ou trois heures pour visiter la ville; les rues sont remplies de soldats aux uniformes divers : italiens, anglais, français. Cela ne s'est peut-être jamais vu dans l'histoire, et cette histoire-là n'est pas brillante pour notre civilisation fin de siècle. Nous nous rendons à la butte fameuse qui domine la ville, et sur laquelle flottent les drapeaux des six puissances qui se sont chargées de maintenir l'ordre dans l'île de Minos. Le drapeau turc est au milieu, les autres lui font ceinture, et l'on nous raconte que les soldats, chargés de monter la garde autour de leurs couleurs respectives, se piquent d'honneur à qui les fera flotter le plus haut, en choisissant une perche plus longue que celle des voisins. Tant que les rivalités n'iront pas plus loin, il n'y aura que demi-mal.

CHAPITRE XIII

Au sommet d'un bastion, d'où l'on a une vue superbe sur les montagnes environnantes et sur la rade, nous nous arrêtons pour écouter une musique militaire turque. Ces airs musulmans ont quelque chose de lamentable et vous donnent envie de pleurer; combien plus, quand ils égouttent leurs notes sur des décombres et des toitures ouvertes par la mitraille! Cela produit une bien étrange impression, que cette musique officielle sur une pauvre cité saccagée. On se demande comment ils ont le courage de souffler dans leurs cuivres et de taper sur leur caisse; il est vrai qu'ils le font tristement et comme s'ils avaient la mort dans l'âme. Leurs hymnes guerriers ont un faux air de complainte, cela tient de la chanson d'aveugle.

Par courtoisie, nous avons l'air de prendre intérêt à leur *performance*; alors l'officier nous engage à nous approcher et pousse l'amabilité jusqu'à nous offrir de prendre place sur un banc que deux soldats nous apportent. Ce siège, d'une exécution sommaire, me semblait fatal. Mais, voyant mes compagnons confortablement installés, je voulus profiter *du bout du banc*. Depuis quelques instants je goûtais l'ineffable mélancolie d'une marche triomphale quand, patatras! tout s'effondre, et j'exécute un allegretto dans la poussière, en battant la mesure des bras et des jambes. Les musiciens, impassibles, soufflent toujours ; quant à l'officier, il a l'air de trouver tout naturel que le banc ait cédé sous des *giaours*. C'était écrit. Je le disais bien !...

Sur les quais, en attendant l'embarquement, nous

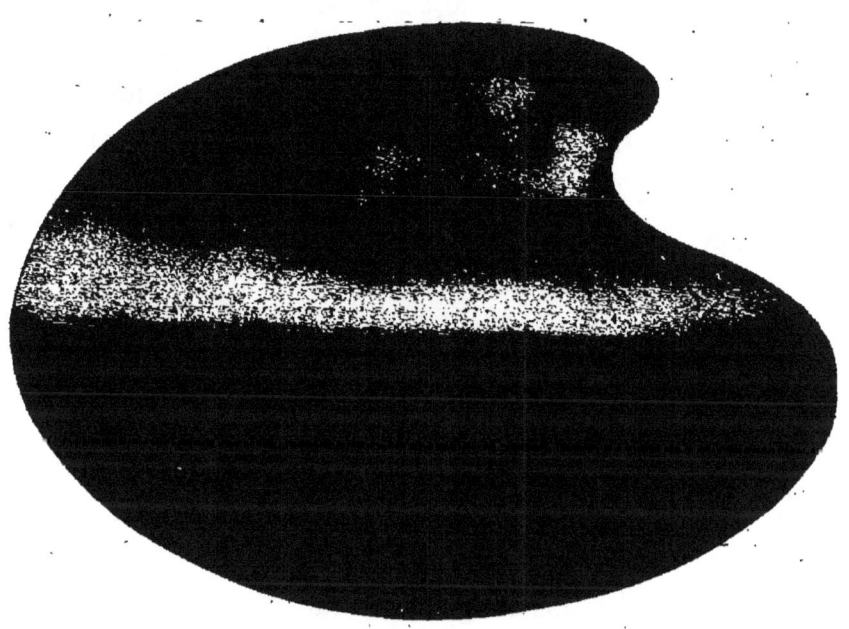

La Canée.
(D'après une photographie de M. Jules Calas.)

fraternisons avec des marins français, qui sont tout heureux de rencontrer des compatriotes ; nous leur apportons comme une bouffée du pays. Le « Sénégal », après nous avoir débarqués à la Sude, a repris la mer, pour doubler la presqu'île d'Akrotiri, et est venu mouiller à l'entrée du port de la Canée ; à la nuit tombée, nous sommes tous

CHAPITRE XIII

à bord. Nous levons l'ancre au milieu du fracas d'un magnifique orage, dans l'ombre épaisse que de gros nuages versent sur la ville et les montagnes.

Certainement il y a de l'électricité dans l'air, comme il y en a dans ces populations qui grincent des dents les unes contre les autres. Je me félicite d'avoir vu de près le concert européen, il en valait la peine, on ne le reverra pas de sitôt. Quant au concert militaire, vous me permettrez de m'en tenir à une audition, et pour cause !

30 septembre.

Laissant l'orage derrière nous, nous naviguons toute la nuit sur une mer très calme ; le lendemain, après avoir frôlé les promontoires de la Morée, nous poursuivons notre route de retour. La journée en mer ne paraît pas longue ; on cause, on forme des groupes sympathiques, on joue aux palets sur le pont, on va consulter la carte où le capitaine pointe la marche du navire ; on fait une *citronnade*, sans compter les cinq repas qui coupent le temps en menus morceaux.

1er octobre.

Encore une nuit de mer, et au matin, dans une belle clarté d'aurore, le « Sénégal » évoluait majestueusement dans la rade de Messine. De l'une à l'autre côte, des lueurs roses se renvoient la magie de leurs teintes, la mer fume, un voile frais flotte jusqu'au sommet des montagnes, pendant qu'autour de nous retentissent déjà les accents joyeux de ces musiciens qu'on trouve partout en Italie, et qui semblent couvrir leur pays d'une immense vague d'harmonie. Et en avant la *Santa Lucia*, qu'on a toujours du plaisir à entendre, et *Funiculi Funicula !...* tout le répertoire y passe et nous remet un peu de jeunesse au cœur, après la chanson archaïque et désolée que nous ont criée les pierres de la Palestine. Nous rentrons dans notre monde, dans notre civilisation, dans tout ce qui a bercé notre enfance.

Entre la musique turque de la Canée et la vibrante explosion des coups d'archet qui monte le long des flancs du « Sénégal » il y a plus que trente-six heures de mer ; il y a tout un abîme psychologique, tout ce qui sépare l'Orient, si sombre malgré son clair soleil, de l'Occident, où s'épanouit la joie de vivre.

En même temps que nous, entre dans le port un grand paquebot qui rapatrie des troupes d'Abyssinie ; cela, c'est le revers de la médaille. Mais connaissez-vous sur terre un breuvage qui n'ait pas sa goutte de tristesse ?

Toute la matinée, nous la passons dans les rues de Messine, errant en délicieuse aventure, préférant aux quartiers cosmopolites les ruelles pleines de

Messine. — Les quais.
(D'après une photographie de M. Jules Calas.)

couleur locale, d'une adorable saleté, où grouille une population bavarde, bruyante et du ton le plus détestable, au milieu de montagnes d'oranges, de figues de Barbarie et autres fruits juteux, dans lesquels se plantent les dents blanches. Nous pénétrons dans d'innombrables églises du style le plus rococo, où le mauvais goût règne en maître et où l'on prend sur le vif la dévotion populaire. Comment ces gens-là peuvent-ils prendre au sérieux les grotesques

Campo Santo : *Orate pro defunctis.*
(D'après une photographie de M. Jules Calas.)

figurines qu'on donne en pâture à leurs besoins religieux? Partout je trouve des restes du paganisme; je cherche en vain la religion de l'esprit.

Une promenade en voiture nous conduit jusqu'à l'entrée du *Campo Santo*, par le prolongement des faubourgs, où tout devient de plus en plus misérable. Par de larges allées, qu'on prendrait pour celles d'un parc et qui s'enlacent autour de massifs irréprochables, nous nous élevons vers les construc-

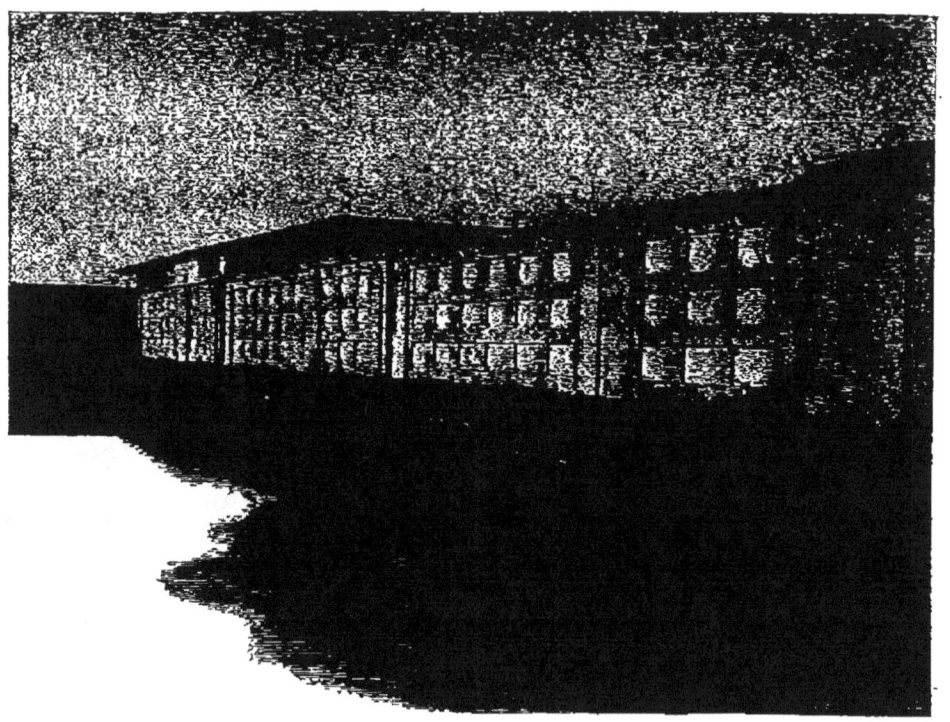

Campo Santo. — Tombeaux extérieurs.
(D'après une photographie de M. Jules Calas.)

tions monumentales, d'où nous dominons la ville et le magnifique détroit.

Je m'arrête devant un parterre à dessins, où la main du jardinier force les fleurs elles-mêmes à proclamer les erreurs dogmatiques du Papisme, en offrant aux regards ces mots : *Orate pro defunctis*[1], qu'on chercherait en vain dans la Bible. Comme si les fleurs avaient besoin de passer par la sacristie

Messine. — Campo Santo.
(D'après une photographie de M. Jules Calas.)

pour apprendre à parler de Dieu aux hommes ! Nous traversons les vastes galeries où sont déposés par étages les citoyens et citoyennes plus ou moins

[1] Priez pour les morts !

illustres de la cité. Représentez-vous des casiers de notaire entassés les uns sur les autres, le long de hautes murailles. Chaque défunt ou chaque famille a le sien, dûment étiqueté, et vient, à son tour, y dormir le grand sommeil. Les petites gens ont leur casier funéraire en plein vent; d'autres enfin se contentent du système vieux comme le monde, et confient tout bonnement leur dépouille à la terre. Les uns signalent leur présence par un buste, d'autres par une simple photographie; les humbles par de petits cailloux blancs. Dieu ne s'y trompera pas, allez; il saura bien reconnaître les siens.

La vue que l'on a du péristyle de ce palais des morts est vraiment de toute beauté : en face et par delà les eaux du Détroit, les montagnes pittoresques de la Calabre; à gauche et vers le Nord, la passe étroite entre les dangers de Charybde et de Scylla; au Sud, les courbes gracieuses de la côte et l'épanouissement d'une mer incomparable. Le *Campo Santo* de Messine est un beau reposoir, en attendant le ciel.

CHAPITRE XIV

Vers Taormine. — Quels artistes que ces Anciens ! — Dans les ruines. — Ce que s'est dit l'Etna. — Une souffrance humaine. — Clarté chérie, adieu. — Par la ville. — Nous quittons Messine. — Le Stromboli. — Une illusion. — Soirée à bord. — Les violons. — Les adieux. — Merci à tous. — Le hasard des rencontres. — Nous sommes défraîchis. — Le Mistral. — Couronnement de mon voyage. — Aigues-Mortes et la Tour de Constance.

Dans l'après-midi, un train spécial nous emporte vers Giardini. La voie traverse des jardins d'orangers et côtoie la mer de très près, dans un paysage fait pour le plaisir des yeux. Pendant une cinquantaine de kilomètres, c'est une succession de vues les plus variées: grands pans de rochers tombant à pic dans les flots et traversés par des tunnels; anses délicieuses, où l'eau se repose à l'abri de promontoires minuscules; grottes mystérieuses, gros blocs luisants que caresse le flot, plages de sable où les pêcheurs réparent leurs filets, voiles au loin, et paquebots qui promènent leurs panaches traînants.

Des voitures nous attendent, pour nous transporter à Taormine, qui s'accroche, comme un nid d'aigle, à cent vingt mètres au-dessus de la station. Pour y

Village de Taormine.
(D'après une photographie de M. Jules Calas.)

arriver, nous suivons une route à lacets, de cinq kilomètres, et à mesure qu'on s'élève, l'horizon s'étend, chaque détour offrant de superbes échappées sur la mer et les montagnes, que domine l'imposante pyramide de l'Etna. Ce qui nous attire là-haut, ce n'est pas la petite ville escarpée, aux allures de forteresse du moyen âge; c'est son théâtre antique, dont les ruines occupent un des plus beaux sites du monde.

Ah! quel sens esthétique avaient ces anciens; comme ils savaient mettre en harmonie les lignes de leurs monuments avec celles de la nature! Comme nous leur ferions pitié, avec nos édifices encastrés au centre de nos villes, dans le lacis des ruelles!

Ils voulaient bien aller au théâtre, mais non pas pour y suer sang et eau sous la malsaine chaleur des lustres, et charger leurs poumons d'air mis au rebut par les voisins; il leur fallait le beau soleil dardant sur le velum et filtrant à travers les franges d'or; il leur fallait les bouffées d'air pur roulant sur les gradins et sans cesse renouvelées. Alors, sans être serrés aux tempes par l'intolérable atmosphère de nos salles de spectacle, ils pouvaient goûter la magnifique poésie de leurs grands tragiques, sentir tout ce qu'il y avait de poignant dans les regrets d'Iphigénie: « *Adieu, brillant éclat du jour, lumière du ciel, clarté* « *chérie, adieu* », tout ce qu'il y avait de suave dans la prière qu'adresse aux dieux le chœur du Philoctète de Sophocle: « Sommeil, charme de nos dou-« leurs, viens avec ton souffle le plus doux! Dieu du « calme et de la paix, ferme les yeux aux rayons « éclatants du jour. »

CHAPITRE XIV

Le théâtre de Taormine est admirablement situé sur un promontoire tourné vers l'Orient; des gradins supérieurs on aperçoit la mer de trois côtés, et en face, au-dessus de l'orchestre et des constructions qui limitaient la scène, se dresse, dans sa majesté souveraine, la cime royale de l'Etna.

On a peine à se représenter la largeur d'émotion, l'élévation de pensée qui devaient transporter ces 20,000 spectateurs, quand, au charme des beaux vers, s'ajoutait celui de cette nature enchanteresse. Ah! ces Grecs, quels artistes! Et devant ces immortels témoins de la perfection de leur goût, on se prend à regretter de n'avoir pas vécu en leurs temps. Mais voilà, l'art n'est pas tout, ce n'est pas *la seule chose nécessaire.*

Vite nous courons aux ruines, et là nous avons passé une heure qu'aucun de nous n'oubliera. Nos savants nous fournissent toutes les explications désirables; mais les pierres elles-mêmes parlent, et c'est encore leur voix qui nous émeut le plus. Je ne me lasse pas de parcourir ces couloirs à ciel ouvert, d'escalader ces degrés, d'enjamber ces petits murs et ces colonnes brisées; je voudrais passer partout, n'ignorer aucun détail. Là, l'orchestre où le chœur exécutait sa danse rythmée de la strophe et de l'antistrophe; ici, la scène étroite dominant l'orchestre, les portes qui servaient aux acteurs, les niches vides de leurs statues, et, dans le fond, la rangée de colonnes corinthiennes qui formait un superbe décor. Le mur qui fermait la scène offre une large brèche par où on aperçoit la mer et le

Le Théâtre de Taormine.

ressaut des montagnes qui enlèvent le regard jusqu'à la pointe de l'Etna. C'est à croire que le temps a mis un certain atticisme dans son œuvre de destruction. Malheureusement le ciel est couvert, les sommets sont barbouillés de gris, et le volcan ne donne pas signe de vie; une éruption, si petite soit-elle, ne serait pas pour nous déplaire; il faut nous consoler en prenant les nuages pour le panache de fumée. Moi, je crois que l'Etna s'est dit : Ces Français, ça marche toujours sur des volcans, ne favorisons pas cette manie.

A travers la brèche du mur, on n'aperçoit pas que la montagne géante et la mer immense; on distingue encore un infiniment petit qui émeut plus que tout le reste, parce qu'à cet infiniment petit se rattache une souffrance humaine. Donnez-moi tout un monde à contempler, je ne m'y intéresse vraiment que si j'y découvre un frère. A quelque distance du rivage se balance un yacht à vapeur, blanc comme une mouette; de là-haut, on le prendrait pour un jouet d'enfant. Hélas! il attend la triste dépouille d'une jeune dame anglaise qui est venue mourir de la poitrine, en ces lieux charmants. Ce soir, il doit partir pour l'Angleterre. Elle a voulu reposer sur le sol de la patrie. Que sont les plus belles ruines de la terre à côté des ruines de nos affections! Pauvre mouette blanche, tu t'en vas vers les brumes du Nord, ton arrivée y sera saluée par des pleurs. Pour cette douleur inconnue, je sens mon âme prise de tristesse et d'humaine sympathie; il me semble que les échos du théâtre détruit répètent encore la plainte de la jeune Grecque : « *Adieu, brillant éclat du jour, lumière du « ciel, clarté chérie, adieu.* » La commune souffrance reliant à travers les âges tous les fils des hommes, le présent au passé, la jeune morte d'aujourd'hui à l'Iphigénie antique.

La ville de Taormine mérite une visite attentive, mais le voisinage de ses ruines grandioses lui fait tort. Elle se compose d'une rue unique où débouchent de courtes ruelles montantes d'un côté, descendantes de l'autre; l'ensemble a un petit air vieillot et moyen âge. On rencontre des portes ogivales du plus bel effet, de vieux murs fortifiés, un château féodal, des pans d'architecture gothique; mais ce qui charme le plus, ce sont ces belles échappées sur la mer, toutes les fois qu'on touche à l'arête du rocher.

Sa position a fait de Taormine un centre stratégique; aussi à plusieurs reprises, dans le cours des siècles, a-t-elle eu à souffrir de la guerre; les tremblements de terre, à leur tour, ne l'ont point épargnée et ont aidé à sa décadence, mais son théâtre lui conservera son antique renommée. A la descente, nous saluons le cercueil de la pauvre Anglaise, qui regagne le yacht; petit cortège douloureux qui contraste avec notre joyeuse caravane!

Longtemps notre train et le vapeur s'en vont, de concert, vers le Nord. Vers Messine, lui s'enfonce dans la brume du soir, pendant que nous regagnons le « Sénégal ». Nous ne le reverrons plus. A jamais séparés, le petit cortège douloureux et la joyeuse caravane !

Au moment où nous quittons le port de Messine, il fait nuit noire ; il nous est impossible de revoir Charybde et Scylla, qui n'ont plus rien d'effrayant pour ces monstres marins, où la vapeur remplace voiles et rames. Bien avant dans la soirée, nous donnons dans les îles Lipari, et nous venons ranger le Stromboli ; par une aimable attention du capitaine, nous stoppons en face du volcan. Hélas ! comme son grand frère l'Etna, il ne donne pas signe de vie, et force est de nous contenter de cette masse sombre qui se dresse sur les flots.

Par cette obscurité, au milieu de laquelle s'avançait notre navire, j'étais à la proue, tout près du matelot de quart, lorsque je fus l'objet d'une curieuse illusion d'optique. Depuis un moment je voyais surgir devant moi une île sur la mer, il me semblait que nous naviguions à quelques mètres du rivage et que notre avant allait heurter la côte ; encore quelques minutes et sûrement le « Sénégal » toucherait aux récifs. Je n'osais parler, je respirais à peine ; enfin, n'y tenant plus, je dis au matelot : Mais nous allons faire côte ! Avec le calme le plus complet il me dit : Soyez sans crainte, la terre est encore à quatre ou cinq milles de nous. J'eus de la peine à me ranger à son avis ; à tout instant je m'attendais à voir le « Sénégal » s'entr'ouvrir sous moi. C'était une illusion, mais j'en préfère d'autres.

2 octobre.

Le lendemain, le temps se couvre, et toutes les bondes du ciel se déversent sur nous; le « Sénégal » ruisselle de partout, comme un Terre-Neuve qui sort de l'eau. C'est un orage accompagné de furieux coups de tonnerre qui effrayent un peu les novices; les garçons viennent fermer les sabords, qu'on n'avait pas touchés depuis Marseille. Je me réjouis à la pensée qu'un bon tangage va rompre la monotonie de notre traversée. Hélas! nous n'avons eu que de la pluie et des vagues ridicules!

Si on mettait le cap sur le détroit de Bonifacio, la mer serait un peu plus grosse, mais, par courtoisie pour les dames, le capitaine remonte la côte orientale de la Corse, et, dès le soir, nous étions à l'abri de l'île d'Elbe et de l'Italie; ce qui permit aux artistes de bonne volonté que nous avions à bord de donner la soirée littéraire et musicale dont on parlait déjà depuis quelques jours.

Sous les toiles humides, les matelots du bord ont tôt fait de monter un petit théâtre où rien ne manque : verdure, panoplies, pavillons de toutes couleurs; à remarquer un joli rideau brossé en quelques heures, sous nos yeux, par le commissaire, et nous rappelant, en une superbe fantaisie, les teintes d'Orient sous cette pluie battante ! Quelques scènes charmantes ont été dites avec beaucoup de talent; on aurait pu rayer du programme, sans inconvénient, certaines chansons qui frisaient le café-concert et d'un goût douteux. Moi, je regrette mon concert des grosses eaux et la grande voix du tonnerre ; une petite tempête aurait mieux fait mon affaire.

3 octobre.

Le lendemain matin, en nous éloignant du golfe de Gênes, la mer devient plus dure et le « Sénégal » donne de la bande; je ne me tiens pas de joie. Sous la forte brise de N. E., la surface des eaux se plisse profondément, le creux de la vague passe au bleu noir, pendant que sa cime s'argente et s'éparpille en crinière blanche. Le maître d'hôtel, pour donner à ses clients l'illusion qu'ils sont de vrais loups de mer, croit de son devoir de mettre les *violons* pour le déjeuner. En réalité, je crois que pas une de nos assiettes n'aurait fait la culbute, mais nos dames ont pu croire qu'elles essuyaient un terrible coup de vent et se vanter de l'avoir échappé belle.

Bientôt nous sommes en lieu sûr, sous les côtes de la Provence; c'est le calme plat quand nous traversons les îles d'Hyères. Nous ralentissons la marche, pour laisser entrer avant nous un courrier qui arrive de l'Extrême-Orient. C'est le moment que choisissent les touristes du « Sénégal » pour se faire les adieux, qui seraient compromis par la hâte du débarquement. Petit moment pénible et qui serre un peu le cœur; une grande cordialité avait régné entre les différents membres de l'expédition. Quant à ces êtres antipathiques que l'on rencontre un peu partout, on les quitte sans regrets; il y en avait, de ces hautains, de ces dédaigneux, c'était le très petit nombre.

Mon frère, à qui je veux dire ici toute ma reconnaissance pour les illustrations qu'il a fournies à ce volume, réunit, dans un dernier cliché, un de ces groupes sympathiques, où sont représentées la Suisse, la Roumanie et la France, et où votre serviteur coudoie bien fraternellement M. l'abbé du « Sénégal », pendant qu'un pasteur luthérien sourit à tous. Ce cosmopolitisme-là trouverait-il grâce devant nos féroces nationalistes?

Ceux que l'on ne saurait assez remercier de leur amabilité toute française, c'est le commandant de notre navire, qui a tout fait pour rendre agréable notre séjour à bord; M. Olivier, le directeur de la *Revue*, et M. Amphoux, qui n'a pas perdu un seul instant sa bonne humeur, au milieu de tracas faits pour démonter les caractères les plus sereins. Ce serait être ingrat qu'oublier les humbles dans cette répartition d'éloges et de mercis; tous, matelots,

Groupe sympathique à bord du « Sénégal ».
(D'après une photographie de M. Jules Calas.)

garçons de salle, se sont montrés complaisants et serviables. J'ai encore devant les yeux et devant le cœur quelques-unes de leurs bonnes figures.

Voyez ce que c'est que le hasard des rencontres ! Un de ces braves matelots, celui qui était chargé d'aller à terre chercher le courrier, ayant appris que j'étais de l'île de Ré, vint un jour me trouver pour lier conversation. J'appris ainsi que, quelque temps auparavant, étant à bord du yacht de plaisance le *Ellé*, il avait fait naufrage sur les côtes de mon île. Il me donna tous les détails. C'était par un temps calme; le navire, trompé par la brume, était venu s'échouer sur les roches de la *mer sauvage*, en face du Marteray; tout l'équipage avait pu gagner la terre et avait séjourné à Ars-en-Ré pour procéder au sauvetage des débris. Je me rappelais très bien avoir vu son bateau, le matin même de l'accident, en me rendant au phare des Baleines avec mon fils aîné; plus tard, j'avais rencontré l'équipage et vu, sur la grève, ce qui avait pu être sauvé des agrès. Il n'en fallut pas davantage pour établir entre nous une bonne et simple amitié. Quand nous nous sommes séparés, il m'a bien recommandé de rendre visite de sa part au petit chien du *Ellé*, qui a été sauvé, lui aussi, mais qui n'a pas repris la mer, et que le brave homme avait donné dans une maison de Saint-Martin. Il y a de ces délicatesses de sentiment qui fleurissent dans ces rudes natures de marins. Nous avons échangé quelques lettres, depuis; la dernière était de Rio-de-Janeiro. Où est-il maintenant, l'écumeur des mers? Dieu le garde!

CHAPITRE XIV

Vers trois heures, le « Sénégal » entre majestueusement dans le port de Marseille. Comme il n'a pas essuyé de mauvais temps, il est aussi frais qu'au départ; on ne saurait en dire autant de nous. Mais nous venons de suer sang et eau pendant trois semaines; nous avons été brûlés, calcinés par des soleils de trente-huit degrés à l'ombre; nous avons avalé de vieilles poussières sur des routes impossibles, piétiné dans des ruelles musulmanes; nous avons été bernés sur les coussins de la carrosserie arabe; l'étonnant serait que nous ne fussions pas un peu défraîchis par ce régime. Qu'importe! pourvu qu'on nous reconnaisse quand nous franchirons le seuil familial!

Le soir même, je prenais le train de Nîmes, avec l'intention de m'arrêter quelques heures à Aigues-Mortes. Le mistral s'est enfin levé; je m'en passerais bien. Ah! que ne s'est-il époumonné vingt-quatre heures plus tôt; nous aurions joui d'une danse caractéristique sur la Méditerranée, et peut-être mon rêve de mal de mer, que je poursuis toujours, se serait-il réalisé?

A Nîmes, c'est une vraie tourmente; la transition est si brusque que je grelotte sous un pardessus d'hiver; mon cerveau se prend cette fois tout de bon, et mes muqueuses ne sont plus ce qu'elles étaient sur la route de Baalbek. Il fait un vent à décoller les affiches ; tout tourbillonne dans les rues ; des embruns de poussière vous fouettent le visage ; ils ne valent pas les embruns salés.

Je profite de mon passage pour revoir les Arènes. Mon souvenir se tourne vers Taormine ; là-bas, c'était la poésie charmante, la beauté calme et sereine ; ici, c'est la barbarie ; il y a eu course de taureaux dimanche dernier, des gouttes de sang frais sont encore visibles sur les barrières. Et dire qu'il faut aux hommes de notre temps ces spectacles atroces, quand les Grecs se contentaient d'entendre chanter à leurs oreilles les vers d'Euripide, ou de suivre, dans le sable d'or, l'ardent galop des quadriges ; décidément, la civilisation qui nous vient d'Espagne ne vaut pas celle qui brillait à Athènes et à Olympie. Sur la crête des gradins, le vent souffle en tempête, j'ai peine à me tenir debout. Sur la ville entière, aux rayons du couchant, flotte un nuage brillant, formé par les volutes de poussière en suspension dans l'atmosphère. Qu'il me semble déjà loin, le calme imposant des gorges du Liban, des collines de Judée et du désert où verdit l'oasis de Damas !

4 octobre.

L'occasion était trop bonne pour ne pas donner comme couronnement à mon voyage *au Pays des*

Croisés, la visite d'Aigues-Mortes. Comment ne pas glisser dans mon programme cette ville unique en son genre, toute pleine des souvenirs de saint Louis? Elle vit passer à deux reprises le roi très chrétien,

Aigues-Mortes. — Les murs d'enceinte.
(D'après une photographie de M. Jules Calas.)

au moment où il s'embarquait pour la Croisade. Cependant, je ne vous cacherai pas que c'est moins ce souvenir des Croisades qui m'attire que celui des héroïques souffrances de quelques martyrs de la Réforme. Vous me permettrez bien d'aller là en Huguenot; de ce sang-là, il me semble que j'en ai dans les veines, tandis que rien ne me dit que mes aïeux remontent aux Croisades !

J'arrive par le premier train ; le mistral s'en donne à cœur joie dans l'immense plaine où rien n'arrête son élan, tout se tord sur son passage ; le froid soleil d'octobre s'allonge comme sur la steppe, avec des pâleurs septentrionales. La voie ferrée a eu le bon goût de s'arrêter à distance des murailles de la ville et de ne pas y faire brèche pour entrer. Le joyau est intact, ce serait un crime d'y toucher. Le cœur ému, je suis l'avenue de la gare. Tout mon instinct me dit qu'elle est là, sur la droite, à l'angle nord-ouest des remparts, celle que je viens chercher. Elle se détache de la ligne régulière des créneaux, se tient à l'écart dans sa solennité triste, majestueuse, sous la tombée de sa robe unie, dont une moitié s'éclaire aux rayons naissants, tandis que l'autre s'efface dans l'ombre bleue. Je m'approche avec recueillement ; c'est mon pèlerinage à moi et, plus que devant l'étoile d'argent de Bethléem, je sens passer le souffle de l'Esprit. Je sais bien que c'est elle, et pourtant je demande à un passant de me renseigner. J'étais sûr de sa réponse, mais quand j'entendis cette voix étrangère me dire tout ce que me criait mon cœur : C'est la *Tour de Constance*, il me sembla que mon cœur se glaçait, et j'eus mille peines à retenir mes larmes.

La Tour de Constance.

(D'après une photographie de M. Jules Calas.)

C'était bien elle, la fameuse et fatale tour, selon les expressions de Jurieu. Elle est d'un aspect sombre et rébarbatif, la cruelle prison, avec ses grands murs lisses de vingt-sept mètres de hauteur et le faîte glissant de ses créneaux qui se recourbent en dedans; pas la plus petite aspérité, pas le moindre creux propre à favoriser la descente du fugitif; la muraille épaisse de six mètres, percée d'étroites meurtrières, semble se replier sur elle-même comme pour mieux garder ses prisonniers, pour mieux étouffer leurs plaintes. La voilà donc, cette tour célèbre, où, pendant trois quarts de siècle, ont gémi, pleuré et souffert un martyre plus cruel que la mort, des hommes et des femmes qui n'avaient commis d'autre crime que celui de servir Dieu selon leur conscience; mais ils ne craignaient rien parce qu'ils cherchaient Jésus-Christ, qui a été crucifié! C'est Ésaïe Daudé, M. de Boiselan, enfermé, malade, dans un réduit où il pouvait à peine se remuer; un autre avait obtenu de prendre l'air sur la terrasse, il tarde à redescendre, un soldat le tue; Molières tombe en traînant le cadavre d'un frère; la sentinelle lui casse la tête.

A partir des premières années du XVIIIe siècle, les hôtes de la Tour de Constance ne sont plus que des femmes: Anne Gaussaint, Marie Vernet, Mlle de la Chabannerie, Marie Béraud, aveugle dès l'âge de quatre ans, enfermée pour cause de religion; enfin, la glorieuse Marie Durand, ensevelie dans ce tombeau à l'âge de 15 ans (1730), au moment où elle venait de se fiancer avec un homme pieux comme elle, Mathieu Serre, qui fut, lui, détenu au fort de Brescou, près d'Agde. Elle gémit pendant trente-huit ans dans cet affreux cachot; sa conduite fut admirable; elle consolait ses compagnes et soutenait leur courage par son indomptable confiance en Dieu. Il est d'elle, le mot que l'on voit encore gravé sur la pierre, dans la salle du premier étage: *Résistez*. Résistez à qui? à la volonté d'un roi, aux édits barbares de tout un royaume, aux convertisseurs et aux soldats. Résistez; pourquoi? pour garder la foi et sauver la liberté. Résistez; pour qui? pour Dieu et son Envoyé.

Ah! certes, si j'ai vainement cherché l'esprit de Jésus-Christ sous les voûtes du Saint-Sépulcre, sûrement il est là, dans cette tour qui se dressera, tant que ses pierres resteront liées les unes aux autres, en témoignage des droits sacrés de la conscience et de la force que donne la foi au Seigneur. Un temple, récemment inauguré, s'élève à deux pas de la Tour de Constance. Gloire à Dieu!

TABLE DES MATIÈRES

CHAPITRE PREMIER

Pages

A la grâce de Dieu. — A la rencontre du soleil. — Bordeaux. — Trinité de misères. — *Ut undæ sic anni.* — Dans la nuit et à toute vapeur. — Marseille. — L'embarquement. — Tout est paré. — En longeant la Provence. — Dans le noir et l'espace. — En faveur des voyages. — Au *Pays des Croisés.* — Partir un treize ! 1

CHAPITRE II

Le « Sénégal ». — *The right man in the right place.* — Un menu. — Une scottish. — En vue de l'Etna. — La Grèce à bâbord. — Le lever du soleil. — L'ancre tombe devant Rhodes. — De l'inédit. — Une cité du moyen âge. — Les Chevaliers de Saint-Jean. — Les temps sont changés. — Un bagne turc. — Un beau couple masculin. — Autour des remparts. — Dans les quartiers populeux . . 28

CHAPITRE III

Le long de l'Asie-Mineure. — Adalia. — Ébahissement réciproque. — La cour aux chameaux. — Une surtout ! — Au bazar. — J'adopte un costume. — Dans les cuirs. — Mes grigris. — Un intérieur grec. — Déjeuner en plein air. — Sainte baderne. — Le retour. — Le commerce allemand. — Souvenirs bibliques. — Une vision de l'antiquité . . 53

CHAPITRE IV

L'île de Chypre. — Dans la fournaise. — L'apôtre Paul. — Un culte en mer. — Nous débarquons à Famagouste. — La demeure d'Othello. — Une blouse sans manches. — *Antica*. — Les églises en ruines. — Sur la route de Varocha. — Les poteries cypriotes. — Le serpent et la sonnette. . . 74

CHAPITRE V

Beyrouth. — Le tuyau, c'est l'homme. — Mon aventure. — La petite Zurichoise. — A travers le Liban et l'Anti-Liban. — A Damas, chez Dimitri. — Le soleil d'Orient. — Un peu d'histoire. — L'oasis. — Délicieux vagabondage. — Les navires du désert. — Dans les ruelles. — Quelles couleurs ! — Les cris de la rue. — A la mosquée incendiée. — La *rue Droite*. — Le faubourg de Meidan. — Une course fantastique 93

CHAPITRE VI

Promenade autour des murs. — Une tradition douteuse. — A la maison d'Ananias. — Pour ma collection. — Le long du Barada. — Vue d'ensemble. — En casque à mèche. — Damas endormie. — Une carcasse de cheval en pleine rue. — Un concert étrange. — On part. — Ma besace. — Une compensation. — Un bœuf conservateur. — Une toile splendide. . . 121

CHAPITRE VII

En gare de Mallakah. — Un assortiment d'équipages. — *Allons-y !* — Sur la route de Baalbek. — Un Khân. — Sécheresse de l'air. — Un remède contre la fatigue. — Deux beaux cavaliers. — Les six colonnes. — Au Grand Hôtel de Palmyre. — Pure Magie. — L'Acropole. — Les sultanes favorites. — Presque à genoux devant Baal. 138

CHAPITRE VIII

L'esplanade des temples. — Le Temple de Jupiter. — Bonds à travers l'Histoire. — Voir passer le Cortège des étoiles. — En pleine table d'hôte. — Je grelotte. — Invocation à Baal. — Retour du soleil. — De quoi faire fuir les nymphes. — Les trois pierres colossales. — Le Temple circulaire. — La galopade recommence. — Une leçon d'humilité. — Retour à Beyrouth. 157

CHAPITRE IX

Une nuit en mer. — Élie le prophète. — Élisée. — Haïfa. — En rade de Jaffa. — Isolement d'Israël. — Débarquement. — La terrible mâchoire. — Je foule la Terre-Sainte. — Croquis d'Orient. — Les deux extrêmes. — Le ciel du bon Dieu. — A la gare. — *Mater dolorosa* 193

CHAPITRE X

Nous partons. — Les chardons de la plaine. — Arrivée à Jérusalem. — Au couvent. — Sur le calvaire. — Le Saint-Sépulcre. — Déception. — Où suis-je? — Chez les Dames de Sion. — La tristesse des choses. — Sur la terrasse. — Hors de la ville. — La Porte Dorée. — Un pont fin de siècle. — La Porte des Ordures. — Le mur des Lamentations. . . 202

CHAPITRE XI

Béthanie. — L'Ascension. — La rude Judée. — En Gethsémané. — La mosquée d'Omar. — Dans le quartier juif. — En faveur d'Israël. — La malédiction partout. — Achat de souvenirs. — *Aqua ex Jordane*. — Au dessert. — La Vierge bleue. — Pauvre Jérusalem! 230

CHAPITRE XII

Départ pour Bethléem. — Scènes bibliques. — L'aspect change. — La Bethléem des Rêves. — L'Église de

la Nativité. — Haine sainte. — Le tapis arménien.
— La messe grecque. — Mon petit manège. —
Les nourrissons des saints Pères. — Dans la
grotte. — Lampisterie sacrée. — Une cressonnière.
— Regrets 254

CHAPITRE XIII

De retour à Jérusalem. — Le tombeau des Rois. — Je
quitte ma cellule. — Jérusalem disparaît. — Les
brebis de là-bas. — La rentrée à bord. — Heures
exquises. — En Crète. — La butte aux drapeaux.
— Musique turque. — Allegretto dans la poussière.
— C'était écrit! — En rade de Messine. — Un autre
monde. — Dans les rues. — Le Campo Santo . . 281

CHAPITRE XIV

Vers Taormine. — Quels artistes que ces Anciens! —
Dans les ruines. — Ce que s'est dit l'Etna. — Une
souffrance humaine. — Clarté chérie, adieu. — Par
la ville. — Nous quittons Messine. — Le Stromboli.
— Une illusion. — Soirée à bord. — Les violons.
— Les adieux. — Merci à tous. — Le hasard des
rencontres. — Nous sommes défraîchis. — Le
Mistral. — Couronnement de mon voyage. —
Aigues-Mortes et la Tour de Constance 302

Impr Als anc^t G Fischbach, Strasbourg — 4752

LIBRAIRIE FISCHBACHER, 33, Rue de Seine, Paris.

LE PAYS DE L'ÉVANGILE
Notes d'un voyage en Orient, par E. de Pressensé.
3e édition. — Un volume in-12, avec une carte . . . . Prix : 3 fr.

LA GALILÉE
Feuillets détachés d'un carnet de voyage, par Athanase Coquerel, fils.
Un volume in-12, avec portrait . . . . Prix : 2 fr.

SOUVENIRS DE TERRE-SAINTE
Par Lucien Gautier, professeur
2e édition. — Un volume in-8º, avec 60 gravures et une carte . . . . Prix : 5 fr.

EN TERRE-SAINTE
Notes et croquis d'un peintre, par Paul Robert.
Un volume grand in-8º, avec de nombreuses gravures . . . . . Prix : 7 fr. 50.

AU PAYS DU CHRIST
Par Paul Laufer. Préface de M. Ernest FAVRE
Un beau volume grand in-4º illustré de 112 compositions et vignettes Prix : 20 fr.

LE TOUR D'ORIENT
IMPRESSIONS DE VOYAGE EN ÉGYPTE, TERRE-SAINTE, SYRIE ET A CONSTANTINOPLE
Par Théophile Roller, ancien pasteur.
Un volume in-8º, avec 16 gravures . . . . Prix : 5 fr.

ÉGYPTE ET PALESTINE
Par Emile Delmas.
4e édition. — Un volume grand in-8º jésus, orné de 115 gravures, 4 eaux-fortes en aquarelles par E. Couneau . . . . Prix : 10 fr.

SOUVENIRS D'ORIENT
DAMAS — JÉRUSALEM — LE CAIRE
Par A. Bost.
Un volume in-8º . . . . Prix : 5 fr.

JÉSUS DE NAZARETH
ÉTUDES CRITIQUES SUR LES ANTÉCÉDENTS DE L'HISTOIRE ÉVANGÉLIQUE ET LA VIE DE JÉSUS
Par Albert Reville, professeur à l'Ecole des Hautes-Etudes.
Deux volumes in-8º avec une carte . . . . Prix : 15 fr.

JÉSUS-CHRIST
SA PERSONNE, SON AUTORITÉ, SON ŒUVRE
Par Edmond Stapfer, pasteur.

I. — **JÉSUS-CHRIST** | II. — **JÉSUS-CHRIST**
AVANT SON MINISTÈRE | PENDANT SON MINISTÈRE
3e édition. Un volume in-12, 3 fr. | 2e édition, 1 volume in-12, 3 fr. 50

III. — LA MORT ET LA RÉSURRECTION DE JÉSUS-CHRIST.
Un volume in-12, 3 fr. 50 ; 5 fr. 50.

L'APOTRE PAUL
ESQUISSE D'UNE HISTOIRE DE SA PENSÉE.
Par Auguste Sabatier.
Doyen de la Faculté de Théologie protestante de l'Université de Paris.
3e édition. — Un volume in 8º avec une carte . . . . Prix : 7 fr. 50

L'APOTRE PAUL ET LE MONDE ANCIEN
Par L. Schnelier, traduit par J. Gindraux.
Un volume in-8º avec 31 gravures hors texte, 18 illustrations dans le texte et 2 cartes en couleurs. . . . . Prix : 8 fr.

www.ingramcontent.com/pod-product-compliance
Lightning Source LLC
Chambersburg PA
CBHW060458170426
43199CB00011B/1245